Deutsch
fundamental

Susumu Kuroda
unter Mitwirkung von Markus Rude

SANSHUSHA

はじめに ....

　本書は、初めてドイツ語を学習する方向けの教材です。日本語で説明を受けながら教室で学ぶ形式の授業で使うことを想定しています。自分のことを表現したり、日常の様々な場面でコミュニケーションをとったり、書かれた文章を理解したりするためのドイツ語の文法知識を段階的に身につけられるような構成にしました。

　現実の、特に口頭でのコミュニケーションにおいては語形変化や文構造についての知識が完全でなくても相互理解には問題がないことがほとんどです。ただ、微妙なニュアンスを理解したり、込み入った内容を表す文章を理解したりするためには文法知識をしっかり身につけておくに越したことはありません。

　本書には語形変化や作文の練習のためのドリルを多く取り入れています。各課にある「重要な単語」ではドイツ語の重要単語を少しずつ示します。一つ一つの単語の意味を辞書などで調べるようにすれば、全体が終わるときにはかなりの語彙知識が身についているでしょう。もっとも、一つの単語でも文脈によって様々な意味になることには注意してください。また、本書を使った授業と並行して、口頭コミュニケーションを中心とする授業も受けることができればドイツ語学習がより充実することと思います。

　本書の各課は「基本編」と「応用編」の二つの部分から成り立っています。「応用編」では難度が高い語彙や文型が多く、一度にすべての内容を身につけることは大変かもしれません。当面は大略だけ理解しておき、余裕があるときに見返すような学習法もいいでしょう。

　それでは、ドイツ語学習の第一歩、踏み出してみましょう。

著者

Inhaltsverzeichnis

Lektion 0　文字と発音の基本

アルファベット　　　das Alphabet

アルファベットの発音は単語の発音と関連します。ドイツ語の読み方を身につけましょう。

▶001
CD1▶01

A a	I i	Q q	Y y
B b	J j	R r	Z z
C c	K k	S s	Ä ä
D d	L l	T t	Ö ö
E e	M m	U u	Ü ü
F f	N n	V v	ẞ ß
G g	O o	W w	
H h	P p	X x	

▶002
CD1▶02

〈発音練習 1〉 次の地名の綴りを言ってみましょう。

Berlin　　　　München　　　Hamburg　　　Düsseldorf

Zürich　　　　Salzburg　　　Wien　　　　　Luxemburg

〈発音練習 2〉 自分の名前の綴りを言ってみましょう。

発音の基本

特に母音は発音が日本語によく似ています。厳密には違う点も多くありますが、はじめのうちはあまり気にしないようにしましょう。

> **Tipp!**
> **定冠詞と名詞の大文字書き**
> ドイツ語の名詞には「男性」「女性」「中性」の区別があり、それぞれ定冠詞が der, die, das になります。名詞を覚える際には定冠詞をつけて覚えるよう心がけましょう。また、名詞は大文字で書き始めるのが原則です（詳しくは Lektion 3 で取り上げます）。

❶ 母音の発音

〈アクセントと母音の長さ〉

ドイツ語の単語は基本的に第1音節にアクセントがあります。第1音節の母音は長く発音するのが
基本ですが、綴りによって短く発音することもあります。

母音に子音1つが続く	der Name 名前		die Nase 鼻
母音にhが続く	das Ohr 耳		der Zahn 歯
母音が2つ続く	der Tee お茶		das Haar 髪
母音に子音複数が続く	das Bett ベッド		krank 病気の
	複数の子音の前の母音は短く発音します。		
外来語	das Medikament 薬		der Termin 予約
派生語	der Beruf 職業		das Geschenk プレゼント
	外来語や派生語は第1音節にアクセントがないことがあります。		

〈ウムラウト（変音）〉

英語にはない、Ä/a, Ö/ö, Ü/ü の上にある点は「ウムラウト記号」と呼びます。Ä/a, Ö/ö, Ü/ü の
発音は A/a, O/o, U/u の発音とは異なります。

Ä/ä	der Bäcker パン屋	der März 3月	「ア」と「エ」の中間の音
Ö/ö	öffnen 開く	hören 聞く	唇を丸めて「エ」と発音
Ü/ü	grün 緑の	das Büro オフィス	唇を丸めて「イ」と発音

〈二重母音〉

二重母音は母音字二つを使いますが、一つの母音として発音します。単独で使う場合と大きく違う
発音になることがあります。

au	der Baum 木	das Auge 眼	「アオ」に近い音
ei	das Bein 脚	klein 小さい	「アイ」に近い音
ie	die Liebe 愛	das Fieber 熱	iを長く発音する
äu / eu	das Gebäude 建物	träumen 夢を見る	「オイ」に近い音
	Europa ヨーロッパ	Euro ユーロ	

❷ 子音の発音

▶006
CD1▶06 〈注意すべき子音〉

ドイツ語は全体として日本語や英語よりも子音を鋭く発音します。

s	die Sonne 太陽	singen 歌う	母音の前では濁った発音
sp / st	das Spiel 遊び	der Sport スポーツ	単語の始めでは s が「シュ」に近い発音
	der Stein 石	der Student 大学生	
v	der Vogel 鳥	viel たくさんの	f と同じ発音
w	der Wagen 車	das Wasser 水	英語の v と同じ発音
z	der Arzt 医師	das Rezept 処方箋	英語の ts と同じ発音
j	Japan 日本	jung 若い	英語の y と同じ発音
ß	der Fuß 足	heiß 暑い	濁らない s と同じ発音
l	die Lust 意欲	lernen 学ぶ	舌先を上の前歯の裏につけて発音
r	die Reise 旅行	rot 赤い	舌先か口の奥を震わせて発音
	der Arm 腕	das Fenster 窓	母音の直後では母音の一部になることがある
m	der Mond 月	die Musik 音楽	唇を閉じて発音
n	die Natur 自然	neu 新しい	唇を閉じず、舌先を上の前歯の裏につけて発音
qu	die Qualität 品質	bequem 快適な	kw と同じ発音

▶007
CD1▶07 〈語末で注意すべき子音〉

語頭では濁った発音になる子音でも、語末（音節末）では濁らない発音になることがあります。

s	die Praxis 診療所	der Hals 首
b	der Urlaub 休暇	halb 半分の
d	der Mund 口	die Hand 手
g	der Flug フライト	der Tag 日

▶008
CD1▶08 〈複数の文字を使っても1文字のような発音の子音〉

個々の子音を別々に読まないよう気をつけましょう。

ch	der Bauch 腹	die Tochter 娘	息を喉の奥から鋭く吐く音（a, o, u, au に続く時）
	China 中国	sprechen 話す	鋭い「ヒ」のような発音（上記以外の場合）
ck	der Rücken 背	die Jacke 上着	k と同じ発音
pf	der Apfel りんご	der Kopf 頭	p と f を同時に発音
sch	der Fisch 魚	schlafen 眠っている	鋭い「シュ」のような発音
tsch	Deutsch ドイツ語	Tschüs! さようなら	鋭い「チュ」のような発音
ss	die Klasse クラス	essen 食べる	濁らない s と同じ発音

❸ 特別な発音

基本的な場合とは違う発音がみられる単語があります。多くは外来語です。

ig	der König 王	hungrig 空腹の	ch と同じ発音
ng	die Übung 練習	lang 長い	g で終わっても濁った発音
chs	erwachsen 大人の	wechseln 交換する	英語の x と同じ発音
tz / ds / ts	der Platz 広場	abends 晩に	z と同じ発音
	nachts 夜に		
y	das Symbol 象徴	die Olympiade オリンピック	ü と同じ発音
	das Handy 携帯電話	das Hobby 趣味	英語の y と同じ発音
ch	der Charakter 性格	der Christ キリスト教徒	k と同じ発音
	die Chance 機会	der Chef 上司	sch と同じ発音
ph	die Philosophie 哲学	die Physik 物理学	f と同じ発音
rh	der Rhein ライン河	der Rhythmus リズム	r と同じ発音
th	die Apotheke 薬局	die Bibliothek 図書館	t と同じ発音
j	der Jazz ジャズ	der Job 仕事	英語の j と同じ発音
v	die Vase 花瓶	der November 11月	英語の v と同じ発音

〈発音練習3〉 発音してみましょう。

ドイツ語の地名

Berlin	Hamburg	Leipzig	Stuttgart	Weimar	Wien
Wuppertal	Köln	München	Nürnberg	Genf	Liechtenstein
Warschau	Moskau	Venedig	Mailand		

ドイツ語の挨拶

Guten Tag!

Guten Morgen!

Guten Abend!

Gute Nacht!

Guten Appetit!

Entschuldigung!

Wie geht es Ihnen?

Wie geht's?

Danke!

Danke schön!

Auf Wiedersehen!

Tschüs!

動詞の人称変化（1）・平叙文

▶012
CD1▶12

❶ 人称代名詞

ドイツ語文の主語として使う**人称代名詞**は次のとおりです。２人称の人称代名詞には**親称・敬称**もあります。

	単数	複数
1人称	ich（私）	wir（私たち）
2人称	du（きみ）	ihr（きみたち）
3人称	er（彼） sie（彼女） es（それ）	sie（彼ら、それら）
敬称2人称	Sie（あなた）	Sie（あなたがた）

du と ihr は親称です。

３人称単数の人称代名詞は３種類あります。
複数は１種類です。

敬称は丁寧に話しかけたい相手に使います。

ドリル❶ 人称代名詞を音読しましょう。

Tipp!
敬称の **Sie** は、文頭でなくても大文字で書き始めます。

▶013
CD1▶13

❷ 基本的な動詞の現在人称変化

ドイツ語の動詞の形では**現在形**が最も重要です。現在形は動詞の**語幹**を基に作ります。語幹は通常動詞の**不定詞**の末尾から -en を除いて作ります。

不定詞	語幹
danken（礼を言う）	dank
kommen（来る）	komm
lernen（学んでいる）	lern
wohnen（住んでいる）	wohn
studieren（大学で学んでいる）	studier

Tipp!
不定詞とは辞書の見出し語となる動詞の形です。
現在形のように、語幹に語尾をつけた形を動詞の
定形と呼びます。

現在形は語幹に主語によって異なる語尾を加えて作ります。ドイツ語の現在形は現在と未来を表します。

▶014
CD1▶14

kommen の現在人称変化（語幹：komm）

	単数		複数	
1人称	ich	komme	wir	kommen
2人称	du	kommst	ihr	kommt
3人称	er/sie/es	kommt	sie	kommen
敬称2人称	Sie	kommen	Sie	kommen

Tipp!
主語に応じて動詞の現在形の形が
変わることを**現在人称変化**と呼び
ます。

３人称単数はどの代名詞が主語になっても動詞の形は同じです。
sie（Sie）は意味が違っても発音は同じです。

ドリル ❷ 次の動詞を現在人称変化させ、音読しましょう。

danken　　lernen　　studieren　　wohnen

❸ **sein の現在人称変化**

動詞 sein（～である）は特殊な現在人称変化をします。sein の場合、語幹と語尾が明確に分けられません。

	単数		複数	
1人称	ich	bin	wir	sind
2人称	du	bist	ihr	seid
3人称	er/sie/es	ist	sie	sind
敬称2人称	Sie	sind	Sie	sind

ドリル ❸ sein を現在人称変化させ、音読しましょう。

❹ **平叙文の語順**

平叙文は、主語を文頭に、動詞の定形を2番目に置くのが基本の形です。主語以外の要素を文頭に置く場合、主語は定形の後に置かれます。

	位置1	位置2（定形）	位置3	
(1)	Ich	wohne	in Berlin （ベルリンに）.	私はベルリンに住んでいます。
(2)	In Berlin	wohne	ich.	平叙文の終わりにはピリオドを書きます。

前置詞は後ろの要素と一つの単位になります。

Tipp!
動詞の定形は文中では常に2番目の位置に置かれます。

ドリル ❹ 次の単語を使って平叙文を作りましょう。

1) in Mainz （マインツに） / er / wohnt
2) aus Österreich （オーストリアから） / wir / kommen
3) Deutsch （ドイツ語） / lerne / ich
4) bin / ich / Student （大学生）

重要な単語　教育・職業

die Englischlehrerin	(	)	lernen	(	)
die Geschichte	(	)	studieren	(	)
der Lehrer	(	)	fleißig	(	)
der Student	(	)	interessant	(	)
die Studentin	(	)	oft	(	)
kochen	(	)	manchmal	(	)

▶ 020
CD1 ▶ 20 ① 挨拶表現

Hallo!	Tschüs!	Danke!
Guten Tag!	Auf Wiedersehen!	Entschuldigung!
Grüß Gott!		
Guten Morgen!		
Guten Abend!		
Gute Nacht!		

▶ 021
CD1 ▶ 21 ② 敬称の **Frau** と **Herr**

Sie を使う相手の名前を呼ぶ場合、女性の姓の前には Frau を、男性の姓の前には Herr を添えます。
du を使う相手の名前を呼ぶ場合はファーストネームを使うのが普通です。

(1) Frau Reker　　　　　　　レーカーさん（女性）
(2) Herr Reker　　　　　　　レーカーさん（男性）
(3) Frau und Herr Reker　　レーカーさん（夫妻）

▶ 022
CD1 ▶ 22 ③ 基数詞（0 〜 19）

12 までは個別の形があります。13 から 19 までの数詞は 1 の位の数に -zehn を添えて作ります。

0	null	10	zehn
1	eins	11	elf
2	zwei	12	zwölf
3	drei	13	dreizehn
4	vier	14	vierzehn
5	fünf	15	fünfzehn
6	sechs	16	sechzehn
7	sieben	17	siebzehn
8	acht	18	achtzehn
9	neun	19	neunzehn

16 と 17 はやや例外的な形になります。

▶ 023 / CD1 ▶ 23

1 与えられた動詞を現在形にして文を完成させましょう。

1) Ich _____ in Tokyo （東京に） .　　　　wohnen
2) Wir _____ in Wien （ウィーンに） .　　　wohnen
3) Ich _____ aus Hokkaido （北海道から） .　kommen
4) Er _____ aus Deutschland （ドイツから） .　kommen
5) Wir _____ Deutsch.　　　　lernen
6) Sabine _____ gern （好んで） Kaffee （コーヒー） .　trinken （飲む）
7) Frau Meyer _____ schön （美しく） .　singen （歌う）
8) Katrin _____ Studentin （女性の大学生） .　sein
9) Ich _____ Lehrer （教師） .　　　　sein
10) Wir _____ Japaner （日本人） .　　sein

▶ 024 / CD1 ▶ 24

2 挙げられている単語を使って平叙文を作りましょう。動詞は現在形にすること。

1) in Yokohama （横浜に） / sie （彼女） / wohnen
2) in Hamburg （ハンブルクに） / Herr Wagner / wohnen
3) Paul / aus München （ミュンヘンから） / kommen
4) Jonas / nach Japan （日本へ） / gehen （行く）
5) gern / kochen （料理する） / wir
6) Adele und Florian / fleißig （熱心に） Englisch （英語） / lernen
7) fleißig （熱心な） / ihr / sein
8) freundlich （親切な） / Sie （あなた） / sein
9) Deutsch / interessant （興味深い） / sein
10) Deutsch / lernen / gern / wir

3 次の文を音読し、日本語に訳しましょう。

▶ 025
CD1 ▶ 25 **A** Frank Berger さん

Hallo!

Ich bin Frank.

Ich komme aus Deutschland, aus Köln （ケルンから）.

Jetzt wohne ich in Berlin.

Ich bin Student.

Ich studiere in Berlin.

Ich studiere Geschichte （歴史学）.

Ich koche sehr （とても） gern.

Ich koche auch （同様に） oft （しばしば） japanisch （日本式に）.

▶ 026
CD1 ▶ 26 **B** Jessica Adams さん

Hallo!

Ich bin Jessica Adams.

Ich komme aus England （イギリスから）,

aus Southampton （サウザンプトンから）.

Jetzt lerne ich in Stuttgart （シュトゥットガルトで） Deutsch.

Ich lerne auch Japanisch （日本語）.

Im Sommer （夏に） gehe ich nach Japan （日本へ）.

Dann bleibe （留まる） ich dort （あそこで）.

Dort lerne ich auch Japanisch.

▶ 027
CD1 ▶ 27 **C** Sophie Neumann さん

Guten Tag!

Ich bin Sophie Neumann.

Ich bin Englischlehrerin （女性英語教師）.

Ich wohne in Stuttgart.

Ich höre （聞く・聴く） gern Musik （音楽）.

Ich spiele （する・弾く） auch gern Klavier （ピアノ）.

Manchmal （ときどき） gehe ich ins Konzert （コンサートへ）.

4 **3** の文で自分について語っている 3 人について 3 人称で説明しましょう。

Frank Berger さん

Er ist Frank.

......

15

Lektion 2　動詞の人称変化（2）・疑問文・敬称の命令文

基本編

▶ 028
CD1 ▶ 28

❶ やや特殊な語尾を使う動詞の現在人称変化

動詞の語幹末尾の音によっては、現在形を作る語尾が例外的な形になることがあります。

		不定詞	arbeiten 働いている	öffnen 開ける	reisen 旅行する	heißen 〜という名である
		語幹	arbeit	öffn	reis	heiß
		語幹の末尾	t	ffn	s	ß
単数	1人称	ich	arbeite	öffne	reise	heiße
	2人称	du	arbeitest	öffnest	reist	heißt
	3人称	er/sie/es	arbeitet	öffnet	reist	heißt
	敬称2人称	Sie	arbeiten	öffnen	reisen	heißen
複数	1人称	wir	arbeiten	öffnen	reisen	heißen
	2人称	ihr	arbeitet	öffnet	reist	heißt
	3人称	sie	arbeiten	öffnen	reisen	heißen
	敬称2人称	Sie	arbeiten	öffnen	reisen	heißen

語幹の末尾の音に注意。

2人称単数のsが省略されることがあります。

Tipp!
通常の変化では発音しにくい場合に例外的な形が現れます。

語尾にeが挿入されることがあります（口調のe）

▶ 029
CD1 ▶ 29

ドリル ❶ 次の動詞を現在人称変化させ、音読しましょう。

bitten　finden　heiraten　warten

▶ 030
CD1 ▶ 30

❷ 語幹母音が変わる動詞の現在人称変化

2人称・3人称単数の現在形で母音が変化する動詞があります。

		不定詞	fahren （乗り物で）行く	sehen 見る	geben 与える	nehmen 取る
単数	1人称	ich	fahre	sehe	gebe	nehme
	2人称	du	fährst	siehst	gibst	nimmst
	3人称	er/sie/es	fährt	sieht	gibt	nimmt
	敬称2人称	Sie	fahren	sehen	geben	nehmen
複数	1人称	wir	fahren	sehen	geben	nehmen
	2人称	ihr	fahrt	seht	gebt	nehmt
	3人称	sie	fahren	sehen	geben	nehmen
	敬称2人称	Sie	fahren	sehen	geben	nehmen

母音が変化しても長さは変わりません。

例外的に母音の長さが変わります。

Tipp!
2人称・3人称単数以外は通常の変化形になります。

a→ä　　　e→i

ドリル ❷ 次の動詞を現在人称変化させ、音読しましょう。

essen　　lesen　　fallen　　waschen

❸ haben, werden の現在人称変化

動詞 haben（持っている）と動詞 werden（〜になる）も特殊な現在人称変化をします。

			haben	werden
単数	1人称	ich	habe	werde
	2人称	du	hast	wirst
	3人称	er/sie/es	hat	wird
	敬称2人称	Sie	haben	werden
複数	1人称	wir	haben	werden
	2人称	ihr	habt	werdet
	3人称	sie	haben	werden
	敬称2人称	Sie	haben	werden

Tipp!
やはり2人称・3人称単数が
特殊な形になります。

ドリル ❸ haben, werden を現在人称変化させ、音読しましょう。

❹ 疑問文の作り方・敬称の命令形

決定疑問文は肯定か否定かを尋ねる疑問文です。定形を文頭に、主語を2番目の位置に置いて作ります。

位置1	位置2	位置3	
(1) Ich	arbeite	in Frankfurt.	私はフランクフルトで働いています。
(2) Arbeitest	du	in Frankfurt?	きみはフランクフルトで働いているのですか？

決定疑問文に肯定で答える文は ja で、否定で答える文は nein で始めます。

(3) Arbeitest du in Frankfurt?　　　　きみはフランクフルトで働いているのですか？

(4) — Ja, ich arbeite in Frankfurt.　　はい、私はフランクフルトで働いています。

(5) — Nein, ich arbeite in Hamburg.　いいえ、私はハンブルクで働いています。

決定疑問文と同じ語順を使って敬称の**命令形**を作ることができます。

	位置1	位置2	位置3	
(6)	**Kommen**	Sie	hierher!	こちらに来てください。
(7)	<u>**Seien**</u>	Sie	pünktlich!	時間を守ってください

動詞が sein の場合のみ、seien という特殊な形を使います。

特定の内容を尋ねる際は**疑問詞**を使って**補足疑問文**を作ります。疑問詞は文頭に、定形は２番目、主語は３番目の位置に置かれます。主語が定形の後に来るのは決定疑問文と同じです。

	位置1	位置2	位置3	
(8)	**Wo**	**studierst**	du?	きみはどこで大学に通っているのですか？
(9)	**Wann**	**schlafen**	Sie?	あなたはいつ寝るのですか？

Tipp! 疑問文の最後には疑問符（？）、命令文の最後には感嘆符（！）を書きます。

よく使う疑問詞には次のものがあります。

wann いつ	warum なぜ	wie どのように	wo どこで	woher どこから
wohin どこへ	was 何が／を	wie + 形容詞／副詞 どの程度〜	（wie viel〔どれくらい多く〕など）	
welcher どの（語尾変化あり➡ Lektion 5）				

▶ 034
CD1 ▶ 34

ドリル ❹ 次の単語を使って疑問文を作りましょう。

1) kommen / aus China / Sie
2) hast / Hunger / du
3) isst / Julia / Obst / gern
4) trinkt / ihr / was
5) kaufst / Brot / du / wo
6) wann / du / frühstückst

▶ 035
CD1 ▶ 35

	重要な単語	疑問詞・基礎語彙			
○	wann	( )	wohin	( )	
○	warum	( )	sein	( )	
○	was	( )	haben	( )	
○	wie	( )	werden	( )	
○	wo	( )	danke	( )	
○	woher	( )	bitte	( )	

▶ 036
CD1 ▶ 36

① 特殊な現在人称変化

すでに紹介したもの以外にも例外的な現在人称変化をする動詞があります。

		不定詞 語幹	wechseln (交換する) wechsel	ändern (変える) änder	tanzen (踊る) tanz
単数	1人称	ich	wechsle	ändere	tanze
	2人称	du	wechselst	änderst	tanzt
	3人称	er/sie/es	wechselt	ändert	tanzt
	敬称2人称	Sie	wechseln	ändern	tanzen
複数	1人称	wir	wechseln	ändern	tanzen
	2人称	ihr	wechselt	ändert	tanzt
	3人称	sie	wechseln	ändern	tanzen
	敬称2人称	Sie	wechseln	ändern	tanzen

▶ 037
CD1 ▶ 37

② 相手の具合を尋ねる表現

(1) Wie geht es Ihnen?　　　具合はいかがですか？（敬称を使う相手に対して）

(2) Wie geht es dir?　　　調子はどうですか？（親称を使う一人の相手に対して）

(3) Danke, sehr gut!　　　ありがとうございます。とても良いです。

(4) Danke, gut!　　　ありがとうございます。良いです。

(5) Danke, nicht so gut!　　　ありがとうございます。あまり良くありません。

(6) Und Ihnen?　　　あなたはいかがですか？（敬称を使う相手に対して）

(7) Und dir?　　　あなたはどうですか？（親称を使う一人の相手に対して）

▶ 038
CD1 ▶ 38

③ 指示代名詞 das

das は単独で様々な人や物、できごとを表すために用いることができます。複数の内容を表すこともあります。

(1) **Das** ist gesund.　　　これは健康に良いです。

(2) **Das** ist Herr Braunmüller.　　　こちらはブラウンミュラーさんです。

(3) **Das** sind Frau Schneider und Herr Baumann.　　　こちらはシュナイダーさんとバウマンさんです。

④ bitte と丁寧な依頼

丁寧な依頼表現を作る場合は命令形に bitte を添えます。

(1) Kommen Sie bitte hierher! どうぞこちらへ来てください。

(2) Trinken Sie bitte Wasser! どうぞ水をお飲みください。

⑤ 基数詞（20 ～ 99）

10 の位の表し方（基数詞）

10 の位の表現は基数詞に -zig を加えて作るのが基本ですが、20, 30, 70 は例外的な形です。

20	zwanzig	40	vierzig	60	sechzig	80	achtzig
30	dreißig	50	fünfzig	70	siebzig	90	neunzig

2 桁の基数詞

1 の位にも数字がある場合、10 の位の基数詞と 1 の位の基数詞を組み合わせて作ります。

一つ一つの要素の間に空白を置かないように書きましょう。

einundzwanzig

1 の位の基数詞 und 10 の位の基数詞

20	zwanzig	31	einunddreißig
21	einundzwanzig	33	dreiunddreißig
22	zweiundzwanzig	35	fünfunddreißig
23	dreiundzwanzig	46	sechsundvierzig
24	vierundzwanzig	57	siebenundfünfzig
25	fünfundzwanzig	63	dreiundsechzig
26	sechsundzwanzig	77	siebenundsiebzig
27	siebenundzwanzig	82	zweiundachtzig
28	achtundzwanzig	88	achtundachtzig
29	neunundzwanzig	99	neunundneunzig

1 与えられた動詞を現在形にして文を完成させましょう。

1) Ich _____ morgen Georg.　　　treffen
2) Herr Gruber _____ gern Reis.　　essen
3) Simone _____ nach Zürich.　　fahren
4) _____ du Frau Schröder?　　　helfen
5) _____ ihr Durst?　　　　haben
6) Wir _____ müde.　　　　werden

2 挙げられている単語を使って決定疑問文を作りましょう。動詞は現在形にすること。

1) Sie（あなた）/ in Tokyo / arbeiten
2) Deutsch / du / gut / sprechen
3) Japanisch / ihr / lernen
4) sein / Sie（あなた）/ Schüler / noch
5) gern / du / Filme / sehen
6) Salat / jetzt / essen / du
7) Berta / Mathematik / studieren

3 挙げられている単語を使って補足疑問文を作りましょう。動詞は現在形にすること。

1) Sie（あなた）/ wohnen / wo
2) du / kommen / woher
3) ihr / heute / fahren / wohin
4) du / nach Koblenz / fahren / wann
5) sie（彼ら）/ heute / kochen / was
6) bleiben / Herr Neuhaus / in Deutschland / wie lange
7) du / morgen / kaufen / wie viel Fleisch（どのくらい多くの肉を）
8) lernen / ihr / Deutsch / warum

4 次の文を音読しましょう。

▶045
CD1 ▶ 45 **A**

Ich heiße Horst Schlosser.

Ich bin 24 Jahre alt.

Ich studiere in Regensburg Medizin.

Ich wohne auch in Regensburg.

Ich komme aus Nürnberg.

Ich spreche Deutsch und Englisch.

Ich spreche auch ein bisschen Spanisch.

Ich fahre bald nach Amerika（アメリカへ）.

Dort bleibe ich ein Jahr.

Ich gehe dort zur Uni（大学へ）.

▶046
CD1 ▶ 46 **B**

Ich heiße Melissa Bachmeier.

Ich bin 35 Jahre alt.

Ich arbeite in München.

Ich bin Angestellte.

Ich wohne in Landshut.

Ich komme auch aus Landshut.

Ich koche gern.

Ich esse gern Gemüse.

Ich mache jeden Tag（毎日）Gemüsesuppe.

Das ist gesund.

5 **4** の文で自分について語っている二人についての質問に答えましょう。

▶ 047
CD1 ▶ 47 A

1) Wie heißt er? _____

2) Wie alt ist er? _____

3) Wo studiert er? _____

4) Was studiert er? _____

5) Wo wohnt er? _____

6) Woher kommt er? _____

7) Welche Sprachen spricht er? _____

8) Wohin fährt er bald? _____

9) Wie lange bleibt er dort? _____

10) Was macht er dort? _____

▶ 048
CD1 ▶ 48 B

1) Wie heißt sie? _____

2) Wie alt ist sie? _____

3) Wo arbeitet sie? _____

4) Was macht sie? _____

5) Wo wohnt sie? _____

6) Woher kommt sie? _____

7) Was macht sie gern? _____

8) Was isst sie gern? _____

9) Was macht sie jeden Tag? _____

10) Wie ist das? _____

基本編

▶049
CD1▶49

❶ 名詞の文法性と１格の定冠詞・複数形

既知の内容を表す名詞には**定冠詞**が伴います。基本の形は文の主語となる**１格（主格）**です。

ドイツ語の名詞には男性・女性・中性いずれかの**文法性**があり、文法性によって定冠詞の形が異なります。文法性は、ものや事柄、抽象概念など、性別がない内容を表す名詞にもあります。人称代名詞で置き換える場合、そのような名詞でも単数１格であれば男性名詞は er、女性名詞は sie、中性名詞は es を使います。

男性名詞	女性名詞	中性名詞
der Vater （父親）	die Mutter （母親）	das Kind （子供）
der Apfel （りんご）	die Tasse （カップ）	das Glas （グラス）
der Tag （日）	die Woche （週）	das Jahr （年）

文法性は辞書で確認しましょう。

人間を表す名詞は多くの場合、文法性と現実の性が一致します。

名詞の**複数形**は複数のものや事柄などを表します。大きく５パターンの作り方があります。人称代名詞で置き換える場合、複数形の名詞は１格であれば表す内容にかかわらず sie（３人称複数）を使います。複数形では母音が変音することもあります。

	単数	複数
-e 型	der Tisch （机）	die Tische
	der Sohn （息子）	die Söhne
-er 型	das Ei （卵）	die Eier
	das Buch （本）	die Bücher
-n/-en 型	die Schwester （姉・妹）	die Schwestern
	die Zeitung （新聞）	die Zeitungen
-s 型	das Baby （乳児）	die Babys
無変化型	das Fenster （窓）	die Fenster
	der Bruder （兄・弟）	die Brüder

複数の定冠詞は文法性にかかわらず die です。

Tipp!

ドイツ語の名詞は文頭でなくても頭文字を大文字で書きます。

▶050
CD1▶50

ドリル❶ 次の名詞の文法性と複数形を調べ、１格の定冠詞を伴った単数形・複数形の両方を音読しましょう。

Apfel　　Gurke　　Teller　　Wort

❷ 4格の定冠詞

他動詞文の目的語になる名詞の形は4格（対格）です。やはり名詞の文法性によって定冠詞の形が異なります。

⑴ Die Studentin kennt **den Musiker**.　　その女性の大学生はその音楽家を知っています。

⑵ Das Kind kauft **das Buch**.　　その子供はその本を買います。

	男性名詞		女性名詞		中性名詞		複数
1格	der Vater	der Apfel	die Mutter	die Tasse	das Kind	das Glas	die Äpfel
4格	den Vater	den Apfel	die Mutter	die Tasse	das Kind	das Glas	die Äpfel

女性名詞・中性名詞・複数の定冠詞は1格・4格で変わりません。

Tipp!　単数の男性名詞の定冠詞だけ4格の形が1格の形と違います。

ドリル ❷ 次の名詞の文法性と複数形を調べ、1格と4格の定冠詞を伴った単数形・複数形の両方を音読しましょう。

Café　　Chef　　Messer　　Wurst

❸ 1格・4格の不定冠詞と否定冠詞

単数形の名詞が未知の内容を表す場合は、不定冠詞を添えるのが普通です。不定冠詞も名詞の文法性と格に応じて形が異なります。複数形に不定冠詞は添えません。

	男性名詞	女性名詞	中性名詞	複数
1格	ein Topf (鍋)	eine Dose (缶)	ein Heft (冊子)	___ Töpfe (鍋)
4格	einen Topf	eine Dose	ein Heft	___ Töpfe

女性名詞・中性名詞の不定冠詞は1格・4格で変わりません。

飲み物や食べ物を表す名詞は多くの場合不可算名詞で、冠詞を添えません。ただし、量を表す4格の不定冠詞を伴う名詞を添えることがあります。不可算名詞でない場合、複数形が選ばれることが多くありますが、その場合もやはり冠詞を添えません。

⑴ Annette trinkt gern **Tee**.　　アネッテは紅茶を飲むのが好きです。

⑵ Frank isst **ein Stück** Kuchen.　　フランクはケーキを一切れ食べます。

⑶ Trinken Sie **ein Glas** Wein?　　ワインを一杯飲まれますか？

⑷ Die Nachbarin isst gern **Tomaten**.　　隣の人はトマトを食べるのが好きです。

否定冠詞は不定冠詞に準じた変化をする語で、否定を表します。

	男性名詞	女性名詞	中性名詞	複数
1格	kein Kuchen (ケーキ)	keine Birne (梨)	kein Ei (卵)	keine Eier (卵)
4格	keinen Kuchen	keine Birne	kein Ei	keine Eier

否定冠詞には複数形に伴う形があります。

▶055
CD1▶55 **ドリル ❸** 次の名詞の文法性と複数形を調べ、1格と4格の不定冠詞・否定冠詞を伴った単数形・複数形の両方を音読しましょう。

Banane　　Brötchen　　Fisch　　Restaurant

▶056
CD1▶56 **④** 1格・4格の人称代名詞

人称代名詞にも格の区別があります。4格の形も覚えましょう。

	単数		複数	
	1格	4格	1格	4格
1人称	ich	mich	wir	uns
2人称	du	dich	ihr	euch
3人称	er	ihn		
	sie	sie	sie	sie
	es	es		
敬称2人称	Sie	Sie	Sie	Sie

3人称単数では er のみ1格・4格の形が異なります。

敬称2人称の Sie は4格も大文字で書き始めます。

▶057
CD1▶57 **ドリル ❹** 次の文の名詞（下線部）を適切な人称代名詞で置き換えましょう。

1) Die Schokolade ist sehr süß.
2) Der Wein ist ganz teuer.
3) Wir reservieren einen Tisch.
4) Ich kenne ein Café. Das Café ist gut.

▶058
CD1▶58

重要な単語	飲食			
das Abendessen	(　　　)	das Glas	(　　　)
der Apfel	(　　　)	die Gurke	(　　　)
das Brötchen	(　　　)	das Restaurant	(　　　)
das Café	(　　　)	die Schokolade	(　　　)
das Eis	(　　　)	der Tisch	(　　　)
der Fisch	(　　　)	die Tomate	(　　　)
das Frühstück	(　　　)	der Wein	(　　　)
die Gabel	(　　　)	die Wurst	(　　　)

▶ 059
CD1 ▶ 59

①　基本的な時刻表現

時刻を文字で表すときは、時と分をピリオドで分け、Uhr を末尾に置きます。読むときは Uhr の位置が異なります。

書き方	読み方
9.00 Uhr (9 Uhr)	neun Uhr
9.10 Uhr	neun Uhr zehn
12.30 Uhr	zwölf Uhr dreißig
22.15 Uhr	zweiundzwanzig Uhr fünfzehn

▶ 060
CD1 ▶ 60

②　現在時刻を尋ねる表現とその応答

(1) Wie spät ist es?　　　　いま、何時ですか。

(2) Wie viel Uhr ist es?　　　いま、何時ですか。　　2種類の尋ね方があります。

(3) — Es ist 9.10 Uhr.　　　9時10分です。

▶ 061
CD1 ▶ 61

③　副詞的時刻表現

文が表すことがらに関わる時刻を表す際は、時刻表現の前に前置詞を置きます。

ことがらが起こる時間：前置詞 um を使う

(1) Wir haben **um** 9 Uhr Unterricht.　　　　私たちは9時に授業があります。

ことがらが始まる時間：前置詞 ab を使う。

(2) Henri arbeitet **ab** 10.30 Uhr.　　　　ヘンリは10時30分から仕事をします。

ことがらが終わる時間：前置詞 bis を使う。

(3) Die Tante schläft **bis** 7.30 Uhr.　　　　おばさんは7時30分まで寝ています。

ことがらが続く時間：前置詞 von と bis を組み合わせて使う。

(4) Wir machen **von** 20 Uhr **bis** 22 Uhr Hausaufgaben.　私たちは20時から22時まで宿題をします。

ことがらが起こる時間を尋ねる時は wann や um wie viel Uhr を使います。

(5) **Wann** frühstücken wir?　　　　　　朝食はいつ食べますか？

(6) **Um wie viel Uhr** frühstücken wir?　　朝食は何時に食べますか？

▶ 062
CD1 ▶ 62

④　注意する発音

ドイツ語の単語のアクセントは基本的に単語のはじめ（第一音節）にありますが、単語のはじめに置かれる接頭辞にはアクセントを伴わない場合があります。

beginnen　　bekommen　　besuchen　　verboten　　Verkehr

▶063
CD1▶63　**1**　次の時刻をドイツ語で言ってみましょう。

　1) 8 時
　2) 9 時 25 分
　3) 10 時 40 分
　4) 15 時 12 分
　5) 18 時 17 分

▶064
CD1▶64　**2**　必要な場合、空欄に適切な形の定冠詞を入れて文を完成させましょう。

　1) (　　　　　) Abendessen ist fertig.
　2) (　　　　　) Gabel ist teuer.
　3) (　　　　　) Bus kommt pünktlich.
　4) Ich kenne (　　　　) Kneipe.
　5) Sophie kauft (　　　　　) Kühlschrank.
　6) Ich suche (　　　　) Löffel.

▶065
CD1▶65　**3**　必要な場合、空欄に適切な形の不定冠詞を入れて文を完成させましょう。

　1) (　　　　　) Restaurant ist dort.
　2) (　　　　) Studentin liest dort (　　　　) Buch.
　3) (　　　　) Kind isst jetzt (　　　　) Eis.
　4) Ich nehme (　　　　) Bus.
　5) Liest du (　　　　) Zeitungen?
　6) Trinken Sie gern (　　　　) Milch?

▶066
CD1▶66　**4**　必要な場合、空欄に適切な形の否定冠詞を入れて文を完成させましょう。

　1) (　　　　　) Student spricht hier Deutsch.
　2) Habt ihr (　　　　) Zeit?
　3) Henri isst (　　　　) Fleisch.
　4) Ich koche heute (　　　　) Suppe.
　5) Hast du (　　　　) Hunger?
　6) Lesen Sie hier (　　　　) Bücher?

5 次の **Martina** さんが語る文章を音読しましょう。

Ich frühstücke um 6 Uhr.
Ich esse zwei Brötchen.
Ich trinke eine Tasse Kaffee.
Ich nehme um 8.09 Uhr den Bus.
Ich arbeite ab 9 Uhr.
Ich schreibe viele E-Mails.
Ich mache um 13 Uhr Mittagspause.
Da esse ich Mittagessen.
Nachmittags telefoniere ich viel.
Ich arbeite bis 18 Uhr.
Dann fahre ich nach Hause（家へ）.
Ich nehme um 18.22 Uhr den Bus.

6 **5** の文で **Martina** さんが語る内容についての質問にドイツ語で答えましょう。

1) Wann frühstückt Martina?
2) Trinkt Martina Tee?
3) Wann arbeitet Martina?
4) Wann nimmt sie morgens den Bus?

Lektion 4　冠詞の格変化（2）・人称代名詞・否定・前置詞（1）

❶ 2・3格の定冠詞・不定冠詞・人称代名詞

名詞には2格（属格）と3格（与格）の形もあります。2格は名詞同士の関係の表現、3格は間接目的語の表現に多く使われますが、直接目的語になる場合もあります。形はやはり名詞の文法性によって異なります。定冠詞と不定冠詞の変化パターンは共通です。

▶069
CD1▶69

定冠詞の格変化

	男性名詞	女性名詞	中性名詞	複数
1格	der Zug その列車	die Reise その旅行	das Auto その自動車	die Züge その列車
2格	des Zug(e)s	der Reise	des Autos	der Züge
3格	dem Zug	der Reise	dem Auto	den Zügen
4格	den Zug	die Reise	das Auto	die Züge

複数3格は語尾として n を加えるのが基本です。

男性・中性名詞の単数2格は語尾として s または es を加えるのが基本です。両方可能な場合もあります。

▶070
CD1▶70

不定冠詞の格変化

	男性名詞	女性名詞	中性名詞	複数
1格	ein Zug ある列車	eine Reise ある旅行	ein Auto ある自動車	＿ Züge 列車
2格	eines Zug(e)s	einer Reise	eines Autos	＿ Züge
3格	einem Zug	einer Reise	einem Auto	＿ Zügen
4格	einen Zug	eine Reise	ein Auto	＿ Züge

複数の不定冠詞はありませんが、3格語尾は伴います。

▶071
CD1▶71

ドリル ❶ 次の名詞の文法性と複数形を調べ、単数形・複数形の両方に1格〜4格の定冠詞を添えて音読しましょう。

Abfahrt　　Bahnhof　　Fahrrad　　Taxi

人称代名詞にも2格と3格の形があります。ただし、2格の形が使われることはほとんどありません。

072
CD1 ▶ 72

人称代名詞の格変化

複数3格の人称代名詞には4格と同じ形のものがあります。

	単数			複数		
	1格	2格	3格	1格	2格	3格
1人称	ich	(meiner)	mir	wir	(unser)	uns
2人称	du	(deiner)	dir	ihr	(euer)	euch
3人称	er	(seiner)	ihm			
	sie	(ihrer)	ihr	sie	(ihrer)	ihnen
	es	(seiner)	ihm			
敬称2人称	Sie	(Ihrer)	Ihnen	Sie	(Ihrer)	Ihnen

敬称2人称は頭文字が大文字になります。

Tipp!

3格だけを伴う動詞としては、**helfen, gehören, gefallen** などが重要です。

▶ 073
CD1 ▶ 73

② 所有冠詞

所有冠詞を名詞の前に置くとその名詞の所有者を表せます。語形変化は不定冠詞に順じます。

	単数		複数	
	人称代名詞1格	所有冠詞 (男性単数1格)	人称代名詞1格	所有冠詞 (男性単数1格)
1人称	ich	mein	wir	unser
2人称	du	dein	ihr	euer
3人称	er	sein		
	sie	ihr	sie	ihr
	es	sein		
敬称2人称	Sie	Ihr	Sie	Ihr

敬称の Sie の所有冠詞も頭文字を大文字で書きます。

所有冠詞を伴う名詞の格変化

	男性名詞	女性名詞	中性名詞	複数
1格	**mein** Pass 私のパスポート	**seine** Fahrkarte 彼の切符	**ihr** Schiff 彼女／彼らの船	**uns(e)re** Schiffe 私たちの船
2格	meines Passes	seiner Fahrkarte	ihres Schiff(e)s	uns(e)rer Schiffe
3格	meinem Pass	seiner Fahrkarte	ihrem Schiff	uns(e)ren Schiffen
4格	meinen Pass	seine Fahrkarte	ihr Schiff	uns(e)re Schiffe

Tipp! unser や euer の変化形が長くなる場合、間の e を省略することが
あるので注意しましょう。(eueren → euren　unsere → unsre)

▶074
CD1▶74 **ドリル❷** 次の名詞の文法性と複数形を調べ、単数形・複数形の両方に 1 格～4 格の所有冠詞 mein,
dein, Ihr, unser を添えて音読しましょう。

Flugzeug　　　Haltestelle　　　Parkplatz　　　Reservierung

▶075
CD1▶75 **❸ nicht を使った否定文、否定疑問文に対する答え方**

否定文を作る際、否定冠詞の他に、**否定詞 nicht** を使うことがあります。nicht は否定したい語の
前か、文末に置かれます。

(1) Unsere Fahrt nach Salzburg dauert **nicht** lange.　私たちのザルツブルクまでの旅行は長くありません。

(2) Dein Auto ist **nicht** groß.　　　　　　　　　　　きみの自動車は大きくありません。

(3) Ich kaufe das Ticket **nicht**.　　　　　　　　　　私はその切符は買いません。

　　特定の内容を表す名詞を否定する場合、否定冠詞でなく nicht を使います。

(4) Ich kaufe **kein** Ticket.　　　　　　　　　　　　私は切符は買いません。

否定疑問文に対する答では、答の内容が肯定の場合に応答語として ja でなく **doch** を用います。

(1) Ist der Flughafen **nicht** nah?　　　　　　　　　その空港は近くないのですか？

(2) 肯定の答：— **Doch**, er ist nah.　　　　　　　　いいえ、近いですよ。

(3) 否定の答：— **Nein**, er ist **nicht** nah.　　　　　そうです。近くありません。

(4) Haben Sie **keinen** Führerschein?　　　　　　　あなたは運転免許証を持っていませんか？

(5) 肯定の答：— **Doch**, ich habe einen Führerschein.　いいえ、持っていますよ。

(6) 否定の答：— **Nein**, ich habe **keinen** Führerschein. そうです。持っていません。

Tipp! nichtを含む否定文はnichtの位置により意味が変わることがあります。

▶076
CD1▶76 **ドリル❸** 次の文を日本語に訳しましょう。

　　1) Ich fliege morgen nicht nach Frankreich.

　　2) Mein Bruder studiert nicht in Dresden.

　　3) Der Bürgermeister besucht heute nicht unsere Schule.

4 前置詞（3格支配・4格支配・2格支配）

前置詞に続く名詞や人称代名詞は、たいてい3格か4格の形になります。多くの場合、前置詞ごとに後に続く格が決まっています。これを格支配と呼びます。

3格支配	**aus**（〜から）　**bei**（〜のそばで／〜の際に）　**mit**（〜と一緒に／〜を使って）
	nach（〜の後で／〜へ［地名の場合のみ］）　**seit**（〜以来）
	von（〜から／〜による／〜の）　**zu**（〜のところへ）
4格支配	**bis**（〜まで）　**durch**（〜を通って）　**für**（〜のために）　**gegen**（〜に逆らって）
	ohne（〜なしで）　**um**（〜の周りに）
2格支配（少数）	**während**（〜の間）　**wegen**（〜のために）

Tipp! **nach**は地名と結びつくと方向の表現になります。

ドリル❹ 前置詞と、名詞と冠詞を適切な形にした上で結びつけましょう。日本語に訳しましょう。

1) aus + der Zug
2) bei + mein Onkel
3) durch + ein Fenster
4) für + dein Ticket
5) gegen + der Wind
6) ohne + sein Führerschein
7) mit + die Straßenbahn
8) von + die Haltestelle
9) wegen + eine Verspätung
10) zu + eine Linie

重要な単語	交通機関			
das Auto	(	)	der Führerschein	(	)
der Bahnhof	(	)	der ICE	(	)
fahren	(	)	der Parkplatz	(	)
die Fahrkarte	(	)	die Straßenbahn	(	)
das Fahrrad	(	)	das Taxi	(	)
fliegen	(	)	das Ticket	(	)
das Flugzeug	(	)	die U-Bahn	(	)
der Flughafen	(	)	der Zug	(	)

33

▶080
CD1▶80 **①** 自動詞と他動詞

他動詞とは、4格の目的語を伴う動詞です。自動詞とは、4格の目的語を伴わない動詞です。

(1) Ich kaufe **ein Ticket** nach Paris.　　　私はパリ行きの切符を買います。

　　動詞 **kaufen** は4格目的語を伴う他動詞です。

(2) Ich fahre mit dem Zug nach Paris.　　　私は列車でパリへ行きます。

　　動詞 **fahren** は4格目的語を伴わず、自動詞です。

▶081
CD1▶81 **②** 会話での時刻表現

会話では多くの場合、12 時間制で時刻を表します。

書き方	読み方（時間単位として Uhr は使いません）	
9	neun	
9.10	zehn nach neun	
9.20	zwanzig nach neun	
9.30	**halb** zehn	正時まで 30 分である場合は halb を使います。
9.40	zwanzig vor zehn	
9.50	zehn vor zehn	
9.15	**Viertel** nach neun	15 分単位の表現には Viertel を使います。
9.45	**Viertel** vor zehn	

▶082
CD1▶82 **③** 値段の表現

値段を文字で書く場合はユーロ単位の金額とセント単位の金額をコンマで分け、Euro を末尾に置きます。読む場合は Euro の位置が異なります。

書き方	読み方
10,00 Euro (10 Euro)	zehn Euro
9,10 Euro	neun Euro zehn
20,75 Euro	zwanzig Euro fünfundsiebzig
62,50 Euro	zweiundsechzig Euro fünfzig

▶083
CD1 ▶ 83

④ 値段を尋ねる表現とその応答

(1) Was kostet eine Fahrkarte nach Frankfurt?　　2種類の尋ね方があります。

フランクフルト行きの切符はいくらですか？

(2) Wie viel kostet eine Fahrkarte nach Frankfurt?

フランクフルト行きの切符はいくらですか？

(3) — Eine Fahrkarte nach Frankfurt kostet 41 Euro.

フランクフルト行きの切符は 41 ユーロです。

▶084
CD1 ▶ 84

⑤ 固有名詞の格変化

固有名詞は2格のみ末尾に s を添えます。

1格	Gregor	Martina	Frau Meyer	Deutschland
	グレーゴル	マルティーナ	マイヤーさん	ドイツ
2格	Gregors	Martinas	Frau Meyers	Deutschlands
3格	Gregor	Martina	Frau Meyer	Deutschland
4格	Gregor	Martina	Frau Meyer	Deutschland

▶085
CD1▶85 **1** 次の時刻をドイツ語で言ってみましょう（会話での時刻表現を使うこと）。

1) 9 時　　　　　　2) 9 時 45 分　　　　　3) 11 時 40 分
4) 16 時 15 分　　　5) 20 時 30 分

▶086
CD1▶86 **2** 次の値段をドイツ語で言ってみましょう。

1) 1,20 Euro　　　　2) 3,00 Euro　　　　3) 15,50 Euro
4) 25,00 Euro　　　5) 50,00 Euro

▶087
CD1▶87 **3** 与えられた語の冠詞を適切な形にして空欄に入れましょう。

1) Herr Huber schreibt _____ einen Brief.　　die Studentin
2) Gibst du _____ Zeit?　　der Chef
3) Patrick schenkt _____ Bücher.　　die Kinder
4) Ich gebe _____ 20 Euro.　　meine Schwester
5) Wir schicken _____ eine Postkarte aus Wien.　unser Lehrer
6) Frau Braunmüller zeigt _____ einen Film.　ihre Schüler
7) Ich finde den Parkplatz _____ nicht.　der Bahnhof
8) Heute ist der Tag _____ .　　die Arbeit
9) Ich habe hier ein Bild _____ in Russland.　　eine Kirche

▶088
CD1▶88 **4** 与えられた人称代名詞を適切な形にして空欄に入れましょう。

1) Meine Familie besucht _____ morgen.　　ich
2) Der Job gefällt _____ .　　ich
3) Ich schicke _____ ein Geschenk.　　sie（単数）
4) Sabine verkauft _____ ihr Fahrrad.　　er
5) Wir helfen _____ gern!　　Sie（敬称）
6) Das Haus gehört _____ .　　wir

5 与えられた名詞句を適切な形にして下線に入れましょう。（　　）には適切な応答語を、三つ目の空欄には適切な形の人称代名詞を入れましょう。

1) Kaufen Sie die Fahrkarte für _____ ?　　　　unser Gast

　　— (　　　), ich kaufe _____ .

2) Fahren Sie mit der S-Bahn zu _____ ?　　　Ihr Mann

　　— (　　　), ich fahre mit der U-Bahn zu _____ .

3) Lernt Lisa Japanisch bei _____ ?　　　　Ihr Vater

　　— (　　　), sie lernt Japanisch bei _____ .

4) Spielt Ute heute mit _____ Tennis?　　　ihre Freunde

　　— (　　　), sie spielt heute mit _____ Tennis.

6 次の会話文を音読しましょう。

B : Bahnpersonal　　M : Martina

　B : Guten Tag!

M : Guten Tag! Ich brauche eine Fahrkarte nach Leipzig.

　B : Fahren Sie heute?

M : Ja, jetzt gleich.

　B : Nehmen Sie den ICE um 10.30 Uhr!

　　　Sie sind dann um 19.45 Uhr in Leipzig.

M : Gut, den nehme ich.

　B : Wie viele Personen?

M : Eine Person, bitte.

　B : Das kostet 72,50 Euro.

M : Ich zahle mit meiner Kreditkarte.

　B : Das geht in Ordnung.

7 **6** の会話文の内容についての質問に答えましょう。

1) Um wie viel Uhr ist ihre Abfahrt?

2) Um wie viel Uhr ist ihre Ankunft in Leipzig?

3) Kauft Martina eine Fahrkarte für zwei Personen?

4) Wie viel kostet eine ICE-Fahrkarte nach Leipzig für eine Person?

Lektion 5　定冠詞類・前置詞（2）・接続詞

基本編

① 定冠詞類・疑問代名詞

定冠詞類は、定冠詞と同じように名詞の文法性や数によって語形変化します。

> dieser（この）　jener（あの）　jeder（各々の）　aller（すべての）
> solcher（そんな）　welcher（どの）　mancher（少なくない）　（すべて男性単数1格の形）

jeder は単数で、aller と mancher は複数で使うのが普通です。welcher は補足疑問文を作ります。

dieser を伴う名詞の格変化：語尾は定冠詞の語尾に準じます。

	男性名詞	女性名詞	中性名詞	複数
1格	dieser Anzug (この背広)	diese Jacke (この上着)	dieses Hemd (このシャツ)	diese Anzüge (これらの背広)
2格	dieses Anzug(e)s	dieser Jacke	dieses Hemd(e)s	dieser Anzüge
3格	diesem Anzug	dieser Jacke	diesem Hemd	diesen Anzügen
4格	diesen Anzug	diese Jacke	dieses Hemd	diese Anzüge

welcher を伴う名詞の格変化：語尾は定冠詞の語尾に準じます。

	男性名詞	女性名詞	中性名詞	複数
1格	welcher Rock (どのスカート)	welche Bluse (どのブラウス)	welches Kleid (どのワンピース)	welche Röcke (どのスカート)
2格	welches Rock(e)s	welcher Bluse	welches Kleid(e)s	welcher Röcke
3格	welchem Rock	welcher Bluse	welchem Kleid	welchen Röcken
4格	welchen Rock	welche Bluse	welches Kleid	welche Röcke

補足疑問文を作る際には**疑問代名詞**を使うこともあります。

	人を表す	事物を表す
1格	wer（誰）	was（何）
2格	wessen	-
3格	wem	-
4格	wen	was

> **Tipp!**
> was の2格・3格形は使いません。

ドリル ① 次の名詞の文法性と複数形を調べ、単数形・複数形の両方に1格～4格の定冠詞類 dieser, welcher, solcher, jener を添えて音読しましょう。

Hose　Hut　Mütze　T-Shirt

② 前置詞（3・4格支配）・前置詞と定冠詞の縮約形

前置詞には3格と4格の両方と結びつくものがあります。結びつく格は表す内容に応じて選ばれます。

an（〜のところへ／で）	auf（〜の上へ／で）	hinter（〜の後ろへ／で）
in（〜の中へ／で）	neben（〜の隣へ／で）	über（〜の上方へ／で）
unter（〜の下へ／で）	vor（〜の前へ／で）	zwischen（〜の間へ／で）

方向を表す場合：**4格**と結びつきます。 **静止位置を表す**場合：**3格**と結びつきます。

(1) Ich gehe **in die Schule**.
私は学校へ行きます。

(2) Ich bin **in der Schule**.
私は学校にいます。

(3) Renate stellt ihre Tasse **auf den Tisch**.
レナーテは自分のカップをテーブルに置きます。

(4) Ihre Tasse steht **auf dem Tisch**.
彼女のカップはテーブルにあります。

一部の前置詞と定冠詞の組み合わせは融合して**縮約形**を作ることがあります。

an + dem → **am**	von + dem → **vom**
bei + dem → **beim**	zu + dem → **zum**
in + das → **ins**	zu + der → **zur**
in + dem → **im**	

Tipp!
前置詞 zu は**3格支配**ですが、
方向を表します。

ドリル ② 与えられた名詞句を適切な形にして空欄に入れましょう。日本語に訳しましょう。

1) Meine Mutter arbeitet in ＿＿＿＿＿＿＿ . ein Krankenhaus

2) Bringst du diesen Brief in ＿＿＿＿＿＿＿ ? die Bibliothek

3) Ich fahre mit meinem Freund in ＿＿＿＿＿＿＿ . die Stadt

4) Legen Sie die Vase vor ＿＿＿＿＿＿＿ ! das Fenster

5) Diese Studenten studieren an ＿＿＿＿＿＿ . die Universität München

6) Wir verkaufen unsere Schuhe in ＿＿＿＿＿＿＿ . ein Kaufhaus

7) Ich wohne in ＿＿＿＿＿＿＿ einer Kneipe. die Nähe

39

3 並列接続詞・相関接続詞

並列接続詞は複数の単語や文を結びつけます。

> und (〜と)　aber (しかし)　oder (あるいは)　denn (なぜなら)

(1) Meine Mutter **und** meine Tante reisen zusammen nach Italien.
私の母とおばは一緒にイタリアに旅行します。

(2) Fährt der Zug nach Berlin **oder** nach München?
その列車はベルリン行きですか、ミュンヘン行きですか。

(3) Ich habe Durst. **Aber** ich habe keinen Hunger.
私は喉が乾いています。しかし空腹ではありません。

(4) Wir lernen heute fleißig. **Denn** wir haben morgen eine Prüfung.
私たちは今日、勉強に努めます。というのも明日試験があるからです。

文の始めに置かれても文の語順には影響しません。

相関接続詞は複数の語でできた表現を作る接続詞です。単独では使うことがない単語も含まれます。

(1) Unsere Kinder machen gern Sport. Sie spielen **entweder** Basketball **oder**
Fußball.　私たちの子供たちは運動するのが好きです。彼らはバスケットボールかサッカーをしています。

(2) Mein Auto ist **nicht** schwarz, **sondern** blau.
私の自動車は黒ではなく青です。

(3) Meine Tasche ist **zwar** groß, **aber** sie ist sehr praktisch.
私のカバンは大きいですが、とても実用的です。

(4) Mein Sohn spielt **sowohl** Klavier **als auch** Geige.
私の息子はピアノとバイオリンの両方を弾きます。

(5) Ich trinke **weder** Kaffee **noch** Tee. Ich trinke nur Wasser.
私はコーヒーも紅茶も飲みません。水だけを飲みます。

(6) Mein Pullover kostet **so** viel **wie** deine Hose.
私のセーターはきみのズボンと同じ値段です。

(7) Harald ist **so** alt **wie** deine Schwester.
ハラルトはきみのお姉さんと同じ歳です。

> **Tipp!**
> weder ... noch ... を含んだ文は否定詞 nicht や否定冠詞がなくても否定の意味を表します。

ドリル ❸ 空欄に適切な単語を補って文を完成させなさい。日本語に訳しなさい。

1) Herr Braunhofer fährt jetzt nicht nach Japan, _____ nach China.

2) _____ Claudia als auch ihr Mann haben einen Reisepass.

3) Weder Frank _____ sein Bruder studieren in Leipzig.

④ tun, möchte, wissen の現在人称変化

動詞 tun, möchte, wissen は不規則な変化をします。

			tun	möchte	wissen
単数	1人称	ich	tue	möchte	weiß
	2人称	du	tust	möchtest	weißt
	3人称	er/sie/es	tut	möchte	weiß
	敬称2人称	Sie	tun	möchten	wissen
複数	1人称	wir	tun	möchten	wissen
	2人称	ihr	tut	möchtet	wisst
	3人称	sie	tun	möchten	wissen
	敬称2人称	Sie	tun	möchten	wissen

möchte と wissen は
1人称単数・3人称単数
が同じ形です。

möchte は動詞の不定詞と結びつき、要望を表します。その場合、不定詞は文末に置かれます。不定詞は省略されることもあります。

(1) Gundula und Jens **möchten** heute im Supermarkt **einkaufen**.
グンドゥラとイェンスは今日、スーパーマーケットで買い物をしたがっています。

(2) **Möchten** Sie dieses Buch **bestellen**?
こちらの本を注文なさりますか？

(3) Ich **möchte** diesen Anzug zur Reinigung **geben**.
私はこの背広を洗濯に出したいのですが。

(4) Oskar **möchte** im Sommer nach Österreich (**fahren**).
オスカーは夏にオーストリアに行きたがっています。

(5) **Möchten** Sie Kaffee (**bestellen**)?
コーヒーを注文なさりますか？

Tipp!
前後の脈絡からその意味を補える場合、möchte と結びつく不定詞を省略できます。

ドリル ④ tun, möchte, wissen を現在人称変化させ、音読しましょう。

	重要な単語	衣類			
○	der Anzug	( )	der Mantel	( )
○	blau	( )	die Mütze	( )
○	grau	( )	der Pullover	( )
○	die Größe	( )	der Rock	( )
○	das Hemd	( )	der Schuh	( )
○	die Hose	( )	schwarz	( )
○	die Jacke	( )	die Tasche	( )
○	das Kaufhaus	( )	die Uhr	( )
○	das Kleid	( )	der Verkäufer	( )

▶100 CD2▶01

① 副詞的4格

4格は前置詞なしでも時間や場所の表現に使うことができます。

(1) Ich trinke **jeden Tag** ein Glas Tomatensaft.

私は毎日トマトジュースを1杯飲んでいます。

(2) Wir spielen **dieses Wochenende** auf dem Sportplatz Fußball.

私たちはこの週末、運動場でサッカーをします。

(3) Gehen Sie **diese Straße** geradeaus bis zum Marktplatz!

この通りをマルクト広場までまっすぐ行ってください。

> **Tipp!**
> **bis** は **zu** と共に使うことがよくあります。

▶101 CD2▶02

② 方向の前置詞の使い分け

方向を表す前置詞 nach, zu, in は次のように使い分けます。

地名と共に使う場合

(1) Manfred geht **nach** Berlin. 　　nach は地名と共に使います。

マンフレートはベルリンに行きます。

(2) Manfred geht **in** die Schweiz. 　in は定冠詞を伴う地名と共に使います。

マンフレートはスイスに行きます。

場所を表す名詞と共に使う場合

(3) Ich gehe **in** den Supermarkt. 　in は中に入る行き先を表します。

私はスーパーマーケットに行きます。

(4) Ich gehe **zum** Supermarkt. 　　zu は方向だけを表します。

私はスーパーマーケットに行きます。

熟語表現

(5) Wir gehen jetzt **nach Hause**. 　私たちは今から帰宅します。

(6) Petra liest **zu Hause** Bücher. 　ペトラは自宅で本を読んでいます。

▶102 CD2▶03 ｜ ▶104 CD2▶05

③ 曜日・月・季節

曜日・月・季節を表す名詞はすべて男性名詞です。曜日の表現は前置詞 an、月と季節の表現は前置詞 in との縮約形を伴います。

曜日	月		季節
Montag 月曜日	Januar 1月	Juli 7月	Frühling 春
Dienstag 火曜日	Februar 2月	August 8月	Sommer 夏
Mittwoch 水曜日	März 3月	September 9月	Herbst 秋
Donnerstag 木曜日	April 4月	Oktober 10月	Winter 冬
Freitag 金曜日	Mai 5月	November 11月	
Samstag / Sonnabend 土曜日	Juni 6月	Dezember 12月	
Sonntag 日曜日			

▶105
CD2▶06

(1) Ich gehe **am Montag** in den Supermarkt.　　私は月曜日にスーパーマーケットに行きます。

(2) **Im Juli** beginnt mein Urlaub.　　6月に私の休暇が始まります。

(3) Ich besuche **im Frühling** meinen Onkel.　　私は春におじを訪ねます。

レベルアップ

▶106
CD2▶07

● 疑問代名詞 was für ein

was für ein は不定冠詞と同じパターンで語形変化します。für は4格支配の前置詞ですが、was für の一部として使う場合に伴う名詞は4格に限りません。

	男性名詞		女性名詞	
1格	was für ein どんなコート	Mantel	was für eine どんな時計	Uhr
2格	was für eines	Mantels	was für einer	Uhr
3格	was für einem	Mantel	was für einer	Uhr
4格	was für einen	Mantel	was für eine	Uhr

	中性名詞		複数	
1格	was für ein どんな本	Buch	was für どんな本	Bücher
2格	was für eines	Buch(e)s	was für	Bücher
3格	was für einem	Buch	was für	Büchern
4格	was für ein	Buch	was für	Bücher

▶107
CD2▶08

● 指示代名詞 dieser

dieser (この人、これ) は単独で代名詞として使う場合があります。

	男性	女性	中性	複数
1格	dieser	diese	dieses	diese
2格	dieses	dieser	dieses	dieser
3格	diesem	dieser	diesem	diesen
4格	diesen	diese	dieses	diese

▶108 CD2▶09 **1** 与えられた名詞句を適切な形にして空欄に入れましょう。

1) _____ gefällt mir. | diese Jacke
2) Ich kaufe _____ . | dieses Handtuch
3) Der Verkäufer arbeitet in _____ . | dieses Kleidungsgeschäft
4) Die Kinder _____ sind ruhig. | diese Schule
5) _____ bekommt jetzt zwei E-Mail-Adressen. | jeder Student
6) _____ passieren immer. | solche Fehler
7) _____ meiner Firma wohnen in _____ . |
| alle Kollegen / diese Straße
8) _____ haben Sie? | welche Größe

▶109 CD2▶10 **2** 与えられた前置詞と名詞句の組み合わせを適切な形にして空欄に入れましょう。

1) Busse stehen _____ . | vor + der Bahnhof
2) Wir gehen zusammen _____ . | in + das Kino
3) Christoph liest _____ Zeitschriften. | in + die Bibliothek
4) Die Lampe steht _____ . | auf + der Tisch
5) Das Rathaus steht _____ . |
| zwischen + die Post und der Kindergarten
6) Der Sportplatz liegt _____ . | hinter + die Schule
7) Ich fahre mit Sabrina im Urlaub _____ . | an + das Meer
8) Dieser Bus fährt _____ . | in + die Stadtmitte

▶110 CD2▶11 **3** 適切な語句を空欄に入れましょう。

1) Mein Pullover ist schmutzig, _____ der Pullover meines Bruders ist sauber.
2) Dieser Anzug ist nicht grau, _____ schwarz.
3) Ich trage _____ eine Jacke als auch einen Mantel.
4) Wir finden weder in der Bibliothek _____ in der Mensa einen Platz.

4 次の文章を音読しましょう。

Jürgen hat im August Ferien.

Diesen Sommer reist er in den Ferien nach Italien.

Er hat in Florenz einen Freund.

Er heißt Claudio.

Claudio studiert wie Jürgen Jura in Frankfurt.

Deshalb kennt er ihn.

Jürgen möchte mit dem Zug nach Florenz fahren.

Die Reise mit dem Zug dauert zehn Stunden.

Claudios Eltern wohnen in einer Wohnung in Florenz.

Aber die Wohnung ist sehr klein.

Sie hat nur drei Zimmer.

Claudio übernachtet dort, aber Jürgen übernachtet in einem Hotel.

5 **4** の内容についての質問に答えましょう。

1) Wann hat Jürgen Ferien?

2) Wohin fährt Jürgen in den Ferien?

3) Studieren Jürgen und Claudio Medizin?

4) Wo studieren sie?

5) Wie lange dauert die Fahrt?

6) Übernachten sowohl Jürgen als auch Claudio in einem Hotel?

6 **4** の文にならって自分の夏の予定をドイツ語で説明しましょう。その際、相関接続詞を二つ使うこと。

Lektion 6 　不定代名詞・派生動詞・3格と4格の語順

基本編

① 不定代名詞・前置詞の融合形

不定代名詞は不特定の人や物を指します。名詞を伴わず、2格が用いられないものもあります。

さまざまな不定代名詞の格変化（これらは単数しかありません）

1格	man 人々	jemand 誰か	niemand 誰も…ない	etwas 何か	nichts 何も…ない
2格	eines	jemand(e)s	niemand(e)s	—	—
3格	einem	jemand(em)	niemand(em)	etwas	nichts
4格	einen	jemand(en)	niemand(en)	etwas	nichts

man は他の代名詞で置き換えることができません。

einer と jeder は通常単数で使います。形の変化は定冠詞に準じます。

einer (一人の、一つの)				**jeder** (すべての)		
	男性名詞	女性名詞	中性名詞	男性名詞	女性名詞	中性名詞
1格	einer	eine	eines	jeder	jede	jedes
2格	eines	einer	eines	jedes	jeder	jedes
3格	einem	einer	einem	jedem	jeder	jedem
4格	einen	eine	eines	jeden	jede	jedes

jeder は多くの場合、男性単数で用います。

(1) **Man** spricht in dieser Firma Deutsch und Englisch.
人々はこの会社ではドイツ語と英語を話している。

(2) An dieser Universität kennt **jeder** das Geschäft von Frau Hoffmann.
この大学ではみながホフマンさんの店を知っている。

(3) **Niemand** kommt zum Sportplatz.
誰も運動場に来ない。

前置詞に伴う名詞句を置き換える場合、内容により da(r)- / wo(r)- を用いる**融合形**を使うことがあります。融合形を使わない補足疑問文では、前置詞が文頭に置かれます。

内容	通常の置き換え	疑問文を作る置き換え
人	前置詞と代名詞を使う für **ihn**, mit **ihr**, zu **uns**, über **uns**	前置詞と疑問代名詞 wer を使う für **wen**, mit **wem**, zu **wem**, über **wen**
人以外	**da(r)-** と前置詞の融合形を使う **da**für, **da**mit, **da**zu, **da**rüber	**wo(r)-** と前置詞の融合形を使う **wo**für, **wo**mit, **wo**zu, **wor**über

(4) **Mit wem** fährst du im Urlaub nach Italien?

きみは休暇に誰とイタリアに行くのですか。

(5) **Womit** fährst du im Urlaub nach Italien?

きみは休暇に何を使ってイタリアに行くのですか。

> **Tipp!**
> 前置詞が母音で始まらない場合、r を除いて融合形を作ります。

▶114
CD2▶15 **ドリル ❶** 次の前置詞に **da(r)-** を加えて融合形を作りましょう。

an　　aus　　durch　　für　　über　　um　　vor　　zwischen

▶115
CD2▶16 **②** 派生動詞（分離動詞・非分離動詞）

派生動詞は前綴り（接頭辞）を伴います。基となる動詞から離れる前綴りは分離前綴り、基となる動詞から離れない前綴りは非分離前綴りです。分離前綴りを伴う動詞を分離動詞、非分離前綴りを伴う動詞を非分離動詞と呼びます。分離動詞の前綴りは原則としてアクセントがあり、通常は文末に置かれます。非分離動詞の前綴りは原則としてアクセントがありません。

(1) Mein Freund **ruft** seinen Großvater **an**.　　　　an|rufen

私の友人は自分の祖父に電話をかける。

(2) Der Junge **bekommt** an seinem Geburtstag ein Geschenk.　　bekommen

その男の子は誕生日にプレゼントをもらう。

be-, emp-, ent-, er-, ge-, miss-, ver-, zer- は非分離前綴りです。

(3) **Ruft** dein Freund seinen Großvater **an**?　　分離前綴りは疑問文や命令文でも文末に置かれます。

きみの友人は自分の祖父に電話をかけますか。

(4) **Sprechen** Sie das Wort bitte deutlich **aus**!　　aus|sprechen

その単語をはっきり発音してください。

(5) **Wiederholen** Sie den Satz noch einmal!　　wiederholen

その文をもう一度言ってください。

durch-, hinter-, über-, um-, unter-, voll-, wider-, wieder- は分離前綴り・非分離前綴りの両方の場合があります。

> **Tipp!**
> 前綴りを伴う動詞が「分離動詞」なのか「非分離動詞」なのかは辞書で確認しましょう。多くの場合、分離動詞では前綴りの後に「｜」が書かれています。

▶116
CD2▶17 **ドリル ❷** 次の語のうち、どれが分離動詞でどれが非分離動詞でしょうか。また、意味を調べ、アクセントに気をつけて発音しましょう。

arbeiten　　bedeuten　　empfehlen　　fernsehen
herstellen　　wiedersehen　　zeichnen

47

▶117 CD2▶18 **③ 副詞の用法**

副詞は通常、動詞を修飾するために使う語です。形容詞を副詞として使うこともあります。

位置１	位置２	位置３	位置４	
(1) Ich	schreibe	heute	einen Brief.	私は今日、手紙を書く。
(2) Wir	arbeiten	fleißig.		私たちは熱心に働いている。
(3) Das Mädchen	läuft	schnell.		その少女は走るのが速い。
(4) Vormittags	lernt	meine Schwester	für die Prüfung.	午前中に私の姉は試験の勉強をしている。

副詞は他の形容詞や副詞を修飾することもあります。

(5) Meine Eltern singen **sehr** gut.   私の両親はとても歌が上手です。

(6) Seine Familie ist **ganz** groß.   彼の家族はとても大きい。

(7) Der Professor spricht **zu** langsam.   あの先生は話すのがゆっくりすぎる。

Tipp! 副詞の**zu**と前置詞の**zu**を混同しないよう注意しましょう。

▶118 CD2▶19 **ドリル ③** 次の文でカッコ内の副詞がどこに入るか考えてみましょう。

1) Mein Mann spricht gut Japanisch.   [sehr]

2) Die Hausaufgabe ist für die Studenten viel.   [zu]

▶119 CD2▶20 **④ ３格と４格の語順**

３格と４格の名詞・代名詞の前後関係は、それらが名詞か代名詞かによって異なります。

位置１	位置２	位置３	位置４	
(1) Willi	schenkt	seiner Schwester	ein Buch.	共に名詞の場合：３格＞４格
ヴィリーは自分の姉に本を贈る。				
(2) Willi	schenkt	ihr	ein Buch.	一方のみが代名詞の場合：代名詞＞名詞
ヴィリーは彼女に本を贈る。				
(3) Willi	schenkt	es	seiner Schwester.	
ヴィリーは自分の姉にそれを贈る。				
(4) Willi	schenkt	es	ihr.	共に代名詞の場合：４格＞３格
ヴィリーは彼女にそれを贈る。				

Tipp! 定形は常に２番目に置かれます。

▶120 CD2▶21 **ドリル ④** 指示に従って次の文に含まれる名詞句を代名詞に置き換え、適切な文に作り替えましょう。

Thomas schreibt seinen Eltern eine Postkarte.

1) Thomas を代名詞に置き換えなさい。

2) seinen Eltern を代名詞に置き換えなさい。

3) eine Postkarte を代名詞に置き換えなさい。

▶ 121
CD2 ▶ 22

| 重要な単語 | 家族関係 |

das Baby	( )	ledig	( )
der Bruder	( )	der Mann	( )
der Cousin	( )	die Mutter	( )
die Eltern	( )	der Onkel	( )
die Familie	( )	die Schwester	( )
die Frau	( )	der Sohn	( )
der Freund	( )	die Tante	( )
die Großmutter	( )	die Tochter	( )
der Großvater	( )	der Vater	( )
das Kind	( )	verheiratet	( )

応用編

▶ 122
CD2 ▶ 23

指示代名詞

指示代名詞は定冠詞によく似た語形変化をします。このうち das は生物であるかどうか、また文法性・数に関係なく使うことができます（➡ Lektion 2 応用編）。

	男性	女性	中性	複数
1格	der	die	das	die
2格	dessen	deren	dessen	deren
3格	dem	der	dem	denen
4格	den	die	das	die

2格と複数3格は定冠詞と形が違います。

(1) Der Computer gefällt mir. Der ist sehr preiswert.
そのコンピュータは気に入りました。それは妥当な値段です。

(2) Da sehe ich Studenten meiner Klasse mit deren Büchern.
あそこに私のクラスの学生たちが本を持ってきているのが見えます。

(3) Das ist mein Gymnasium.
これが私の高校です。

(4) Das sind Silke und Tobias.
こちらがジルケとトビアスです。

(5) Arbeiten Sie zusammen mit Frau Zimmermann? Das ist interessant!
ツィンマーマンさんと一緒に仕事をされているのですか。それは興味深いですね。

▶123 CD2▶24 **1** 前置詞を基にした適切な形を空欄に入れましょう。

1) Warten Sie auf Ihre Frau?
   – Nein, ich warte nicht _____ .

2) Fährt jeder an dieser Universität mit dem Bus zur Uni?
   – Nein, nicht jeder an dieser Universität fährt _____ zur Uni.

3) Liest man in Ihrem Heimatland viele Bücher über Albert Einstein?
   – Ja, man liest viele Bücher _____ .

4) Schreibt dein Cousin in seiner Mail über seine Geburtstagsparty?
   – Nein, er schreibt nichts _____ .

5) Erzählt Patrik Ihnen etwas von seiner Reise in die USA?
   – Ja, er erzählt uns etwas _____ .

6) Sitzt jemand vor dem Computer?
   – Nein, niemand sitzt _____ .

▶124 CD2▶25 **2** 次の語を与えられた動詞と組み合わせ、適切な形の文を作りましょう。

1) Herr Winter / am Dienstag / nach München　　　　abreisen（肯定文）
2) meine Familie / mich / vom Bahnhof　　　　abholen（肯定文）
3) die Musik / noch / nicht　　　　aufhören（否定文）
4) Marie / für ihre Familie / das Formular　　　　ausfüllen（肯定文）
5) Hubertus / für seine Ehefrau / die Rechnung　　　　bezahlen（肯定文）
6) Tanja / alle / zur Geburtstagsparty　　　　einladen（肯定文）
7) Sie / nicht / sofort　　　　einschlafen（疑問文）
8) die Wohnung / meinem Mann　　　　gehören（肯定文）
9) Henri / seinen Computer / in die Bibliothek　　　　mitbringen（肯定文）
10) die Studenten / am Nachmittag / ihre Hausaufgaben　nachholen（肯定文）
11) niemand / am Wochenende / in diesem Hotel　　　　übernachten（疑問文）
12) wir / um 10.30 Uhr / in Regensburg　　　　umsteigen（肯定文）
13) Frau Becker / noch / Deutsch　　　　unterrichten（疑問文）
14) der Bus / schon / um 7 Uhr　　　　wegfahren（肯定文）
15) Sie / bitte / das Fenster　　　　zumachen（Sie に対する命令文）

3 次の会話文を音読しましょう。

A: Herr Müller   B: Takako

A: Wie heißen Sie?
B: Ich heiße Takako Sato.
A: Was ist Ihr Familienname?
B: Mein Familienname ist Sato.
A: Was ist Ihr Vorname?
B: Mein Vorname ist Takako.
A: Wo wohnen Sie?
B: Ich wohne in der Emanuelstraße 18 in München.
A: Was ist Ihre Postleitzahl?
B: Meine Postleitzahl ist 80796.
A: Was ist Ihre Telefonnummer?
B: Meine Telefonnummer ist 0160 895363.
A: Sind Sie verheiratet?
B: Nein, ich bin ledig.
A: Wo sind Sie geboren?
B: Ich bin in Nagoya geboren.
A: Welche Staatsangehörigkeit haben Sie?
B: Meine Staatsangehörigkeit ist japanisch.

4 **3** の会話文の内容に従って、書類に記入しましょう。

Familienname:	
Vorname:	
Adresse:	
PLZ:	
Familienstand:	
Geburtsort:	
Staatsangehörigkeit:	

基本編

① 親称の命令文

親称（du または ihr）を使う相手に対する命令形は、敬称を使う相手に対する命令形（➡ Lektion 2）
と大きく違います。

不定詞	du に対する形	ihr に対する形	
schreiben （書く）	schreib	schreibt	語幹を基とし、ihr に対する形は t を添えます。
lesen （読む）	lies	lest	母音が変わることがあります。
warten （待つ）	warte	wartet	語幹の後に e（口調の e）を加えることがあります。
sein （〜である）	sei	seid	sein は特別な作り方になります。
vorlesen （朗読する）	lies vor	lest vor	分離動詞は前綴りが文末に置かれます。

(1) **Schreib** mir bitte eine Postkarte aus der Schweiz!

スイスから私に絵葉書を書いてください。

(2) **Warte** hier!

ここで待っていてください。

(3) **Seid** leise!

静かにしていてください。

(4) **Lest** bitte das Buch **vor**!

どうかその本を朗読してください。

> **Tipp!**
> 命令形が不定詞と大きく異なる動詞に気をつけましょう。

ドリル ① 次の動詞の du に対する命令形と ihr に対する命令形を作り、音読しましょう。

bleiben _____ _____

haben _____ _____

sehen _____ _____

singen _____ _____

besichtigen _____ _____

einladen _____ _____

❷ 話法の助動詞

話法の助動詞は動詞の不定詞と共に使います。その際、不定詞は常に文末に置きます。話法の助動詞の現在人称変化は通常の動詞とは異なります。また、mögen の特別な形（接続法Ⅱ式➡ Lektion 14 参照）である möchte は日常会話で頻繁に使われるので特に重要です。

		können ～できる	müssen ～しなくてはならない	wollen ～するつもりだ	dürfen ～してよい	sollen ～するべきだ	mögen ～でありうる	*möchte* ～したい
1人称	ich	kann	muss	will	darf	soll	mag	*möchte*
2人称	du	kannst	musst	willst	darfst	sollst	magst	*möchtest*
3人称	er/sie/es	kann	muss	will	darf	soll	mag	*möchte*
敬称2人称	Sie	können	müssen	wollen	dürfen	sollen	mögen	*möchten*
1人称	wir	können	müssen	wollen	dürfen	sollen	mögen	*möchten*
2人称	ihr	könnt	müsst	wollt	dürft	sollt	mögt	*möchtet*
3人称	sie	können	müssen	wollen	dürfen	sollen	mögen	*möchten*
敬称2人称	Sie	können	müssen	wollen	dürfen	sollen	mögen	*möchten*

(1) Ich muss um 14 Uhr zur Post gehen.　　私は14時に郵便局に行かなければならない。
　　不定詞は常に文末に置かれます。

(2) Muss ich um 14 Uhr zur Post gehen?　　私は14時に郵便局に行かなければなりませんか。

(3) Wann muss ich zur Post gehen?　　私はいつ郵便局に行かなければなりませんか。
　　疑問文でも不定詞は文末に置かれます。

(4) Herr Hoffmann will seinen Arzt anrufen.　　ホフマンさんは医者に電話をかけるつもりだ。
　　分離動詞が不定詞となる場合、全体が文末に置かれます。

(5) Können Sie Deutsch (sprechen)?　　あなたはドイツ語を話せますか。
　　不定詞は省略されることもあります。

(6) Wir möchten im Sommer nach Frankreich fahren.　　私たちは夏にフランスに行きたいです。
　　möchte は mögen の特別な形です。

Tipp!
möchte は wollen よりも丁寧な希望の表現です。

ドリル❷ 次の文に話法の助動詞 können, müssen, wollen, dürfen を加えて文を書き換えなさい。日本語に訳しなさい。また、主語を変えて現在人称変化も練習しなさい。

Ich lese im Unterricht dieses Buch vor.

③ 形容詞・副詞の比較級・最上級

形容詞・副詞には通常の形である原級のほか、比較級と最上級があります。通常、比較級は原級の末尾に er を、最上級は (e)st を加えます。

副詞の最上級の形は常に am ...-(e)sten 形を使います。

原級	比較級	最上級	am ...-(e)sten 形
schnell (速い)	schneller	schnellst	am schnellsten
teuer (高価な)	teu(e)rer	teuerst	am teuersten
groß (大きい)	größer	größt	am größten
hoch (高い)	höher	höchst	am höchsten
gut (良い)	besser	best	am besten
viel (たくさん)	mehr	meist	am meisten
gern (よろこんで)	lieber	—	am liebsten

└ 形が大きく変わることがあります。

gern は、副詞なので最上級は am ...-(e)sten 形しか使いません。

Tipp!
不規則な比較級の形も末尾は er になります。

(1) Eine E-Mail ist einfacher **als** ein Brief.　　電子メールは手紙より簡単です。

(2) Erika trinkt lieber Tee **als** Kaffee.　　エーリカはコーヒーより紅茶が好きです。
　　比較の対象は文末で **als** を使って表します。

(3) Meine Schwester ist **viel** größer als ich.　　私の姉は私よりずっと背が高い。

(4) Die Kinder sehen heute **etwas** länger fern als gestern.
　　子供たちは今日、昨日より少し長い時間テレビを見る。
　　副詞を使って違いの程度を表すことができます。

(5) Uli steht am frühsten **in der Familie** auf.　　ウリは家族の中で一番早く起きる。
　　最上級の場合、比較範囲の表現に様々な前置詞を使います。

(6) Bettina ist **am fleißigsten** unter den Schülern in dieser Schule.
　　ベッティーナはこの学校の生徒の中で最も勤勉です。
　　動詞 sein と結びつく最上級表現は am ...-(e)sten 形です。

(7) Ich trinke **am liebsten** Kaffee ohne Milch. 私はコーヒーをミルクなしで飲むのが一番好きです。

ドリル③ 次の形容詞・副詞の比較級と最上級を作ってみましょう。

klein　　weit　　einfach　　wichtig　　dunkel　　lange

④ 動詞の３基本形

動詞の不定詞（辞書の見出し語の形）、**過去基本形**（過去形の基礎となる形）、**過去分詞**（主として完了形・受動形で使う形）をまとめて**３基本形**と呼びます。動詞には**規則動詞**と**不規則動詞**があり、それぞれ３基本形の作り方が異なります。

A ３基本形の基本

規則動詞の過去基本形は語幹の後に te を添えます。過去分詞は語幹の前に ge、後に t を添えます。不規則動詞の過去基本形と過去分詞は一つ一つ覚える必要があります。多くの場合、過去基本形では語幹の母音が変化し、過去分詞は ge で始まり en で終わります。

	不定形	過去基本形	過去分詞	
規則動詞	machen （する、作る）	mach**te**	**ge**mach**t**	過去形・過去分詞で語幹の後に e（口調の e）を加えることがあります。
	arbeiten （働く）	arbeit**ete**	**ge**arbeit**et**	
	reparieren （修理する）	reparier**te**	reparier**t**	不定詞が ieren で終わる動詞の過去分詞は ge を伴いません。
不規則動詞	essen （食べる）	aß	gegessen	
	fahren （乗り物で行く）	fuhr	gefahren	
	tun （する）	tat	getan	
	können （～できる）	konnte	gekonnt / können	話法の助動詞には過去分詞が２種類あります
	sein （～である）	war	gewesen	
	haben （持つ）	hatte	gehabt	sein, haben, werden は不規則動詞です。
	werden （～になる）	wurde	geworden	

B 分離動詞・非分離動詞の３基本形

分離動詞・非分離動詞の過去基本形と過去分詞は、基の動詞に準じます。分離動詞の過去基本形では前綴りが後ろに置かれ、過去分詞では ge が前綴りの後に入ります。非分離動詞の過去分詞では ge を加えません。分離動詞も非分離動詞も過去分詞では前綴りは分けて書きません。

不定形	基の動詞	過去基本形	過去分詞
einkaufen (買い物する)	kaufen (買う)	kaufte ein	eingekauft
verkaufen (売る)	kaufen (買う)	verkaufte	verkauft
aufstehen (起きる)	stehen (立っている)	stand auf	aufgestanden
verstehen (理解する)	stehen (立っている)	verstand	verstanden
beginnen (始める、始まる)	なし	begann	begonnen
übernachten (泊まる)	なし	übernachtete	übernachtet
vergessen (忘れる)	なし	vergaß	vergessen
verlieren (失う)	なし	verlor	verloren

└ 基の動詞がないものもあります。

Tipp!
重要な不規則動詞の3基本形は「重要な不規則動詞の語形変化」（**117** ページ）で確認しましょう。

ドリル ❹ 次の動詞の3基本形を作りましょう。

bleiben　　fragen　　heiraten　　anfangen　　verkaufen　　bekommen

○	**重要な単語**　余暇			
○	abreisen	(　　　　)	das Museum	(　　　　)
○	ankommen	(　　　　)	die Nacht	(　　　　)
○	besichtigen	(　　　　)	die Pause	(　　　　)
○	das Doppelzimmer	(　　　　)	das Reisebüro	(　　　　)
○	die Eintrittskarte	(　　　　)	der Reisepass	(　　　　)
○	das Gepäck	(　　　　)	schwimmen	(　　　　)
○	die Gitarre	(　　　　)	der Stadtplan	(　　　　)
○	das Hotel	(　　　　)	übernachten	(　　　　)
○	die Kunst	(　　　　)	der Urlaub	(　　　　)
○	mitnehmen	(　　　　)	das Wochenende	(　　　　)

▶136
CD2▶37 **①** **100 以上の基数詞**

100 以上の基数詞は 99 までの基数詞を基に作ります。3 桁ごとにピリオドを添えます。

100	(ein)hundert	100、1000 のはじめの 1 の表現には eins でなく ein を使います。省略されることもあります。
1.000	(ein)tausend	
1.000.000	eine Million	Million は名詞として扱います。

256	zweihundertsechsundfünfzig	
816	achthundertsechzehn	
1.863	(ein)tausendachthundertdreiundsechzig	
10.227	zehntausendzweihundertsiebenundzwanzig	「万」を表す単位はありません。
20.960	zwanzigtausendneunhundertsechzig	

▶137
CD2▶38 **②** **年号**

年号は通常の数の表現で表します。文字で書く場合、3 桁ごとのピリオドは置かれません。

815 年	achthundertfünfzehn	
1812 年	achtzehnhundertzwölf	1100 年から 1999 年までは例外的に 2 桁ごとに分けて表します。
1968 年	neunzehnhundertachtundsechzig	
1989 年	neunzehnhundertneunundachtzig	
2018 年	zweitausendachtzehn	
2020 年	zweitausendzwanzig	
2023 年	zweitausenddreiundzwanzig	

⑴ Ich bin 2000 geboren.　　　　　　　　私は 2000 年に生まれました。

　　副詞的に使う時、前置詞は使いません。

⑵ Klaus studiert seit 2020 in Tübingen.　　クラウスは 2020 年以来テュービンゲンで大学に通っています。

1 次の **ich** を主語とする疑問文を基に、**Sie, du, ihr** に対する命令文を作りましょう（**ihr** に対する命令文では表す内容も少し変わります）。

1) Darf ich am Samstag ins Museum gehen?
2) Darf ich mein Gepäck zum Bahnhof mitnehmen?
3) Darf ich einen Stadtplan kaufen?
4) Darf ich in der Pause Gitarre spielen?
5) Darf ich später noch einmal kommen?
6) Darf ich jetzt in den Zug einsteigen?
7) Darf ich heute ein Stück Kuchen essen?
8) Darf ich Ihnen helfen?

2 与えられた助動詞を現在形にして次の文に加え、文を書き換えましょう。

1) Welches Musikinstrument spielst du?　　　　　　　　　können
2) Morgen stehe ich um 6 Uhr auf.　　　　　　　　　　　müssen
3) Mein Mann reserviert heute einen Tisch in einem Restaurant.　wollen
4) Man schwimmt in dieser Stadt nur im Schwimmbad.　　　dürfen
5) Übernachtet ihr in einer Jugendherberge?　　　　　　　sollen
6) Das Flugticket nach Deutschland ist ganz teuer.　　　　mögen

3 挙げられた単語を使って平叙文を作りましょう。形容詞・副詞は比較級または最上級にすること。

1) in Japan / als in Deutschland / billig / Bücher / sind
2) man / mit dem Zug / als mit dem Auto / kommt / früh / in Berlin / an
3) die Donau / als der Rhein / lang / ist
4) alt / Frau Schönmeier / als ihr Ehemann / viel / ist
5) in dieser Straße / ist / unser Haus / klein
6) Richard / in unserer Klasse / Japanisch / fleißig / lernt
7) gern / ich / als im Internet / in einem Geschäft / kaufe / Kleidung

4 次の旅行会社の広告がどのような内容であるか考えましょう。

3-Tage-Reise nach Berlin

Angebot nur im Juli

im Hotel „Stadt Berlin"

inkl. Frühstück

Abfahrt jeden Freitag

185,- € (pro Person)

Obermeier Reisen

Kurzurlaub in Wien

Doppelzimmer (mit Frühstück)

2 Nächte für **150,- €** (pro Zimmer)
Hotel Adlerhof

Veranstalter: Ziegelschmidt & Co.

Mit einem Reisebus nach Leipzig

inkl. Eintrittskarte für Museum der Künste

4 Übernachtungen in Leipzig

200,- €

(pro Person, im Juli / August)

Reisebüro Herzog

 ▶141 CD2 ▶42 **5** **4** の広告の内容に合致する場合は r を、合致しない場合は f を選びなさい。

1) Man muss die Reise nach Berlin bis Ende Juni reservieren. [r / f]
2) Bei der Reise nach Wien muss man das Frühstück bezahlen. [r / f]
3) Die Reise nach Wien ist am günstigsten. [r / f]
4) Die Reise nach Leipzig dauert länger als die Reise nach Wien. [r / f]
5) Die Reise nach Leipzig kostet mehr als die Reise nach Berlin. [r / f]

Lektion 8 　過去形と現在完了形

▶142
CD2▶43

基本編

① 動詞の過去人称変化

過去形は過去基本形を基に、主語によって異なる語尾を加えて作り、過去の表現に使います。文中では定形の位置に置かれます。過去形は定形となる形の一つです。

			gehen (行く)	wohnen (住む)
過去基本形			ging	wohnte
単数	1人称	ich	ging	wohnte
	2人称	du	gingst	wohntest
	3人称	er/sie/es	ging	wohnte
	敬称2人称	Sie	gingen	wohnten
複数	1人称	wir	gingen	wohnten
	2人称	ihr	gingt	wohntet
	3人称	sie	gingen	wohnten
	敬称2人称	Sie	gingen	wohnten

1人称・3人称単数では語尾は加えません。

過去基本形が e で終わる場合、語尾の始めの e は省かれます。

Tipp!
現在形とは違い、1人称単数と3人称単数が同じ形になります。

(1) Ich **ging** gestern zur Bank. 　　私は昨日、銀行に行きました。
(2) Ich **wohnte** damals in Berlin. 　　私は当時、ベルリンに住んでいました。

▶143
CD2▶44

ドリル❶ 次の動詞を過去人称変化させましょう。

duschen　　haben　　lesen　　sein　　umziehen　　unterschreiben

▶144
CD2▶45

② haben を使った現在完了形

日常会話などでは過去の表現に**現在完了形**を使うことが多くあります。現在完了形は通常、助動詞 haben の現在形と過去分詞から作ります。文中では助動詞 haben は定形の位置に、過去分詞は文末に置かれます。

	単数			複数		
1人称	ich	habe	gewohnt (住んでいた)	wir	haben	gewohnt
2人称	du	hast	gewohnt	ihr	habt	gewohnt
3人称	er/sie/es	hat	gewohnt	sie	haben	gewohnt
敬称2人称	Sie	haben	gewohnt	Sie	haben	gewohnt

	位置1	位置2		文末

(1) 平叙文　　Ich　　**habe**　　damals in Berlin　　**gewohnt**.

私は当時、ベルリンに住んでいました。

(2) 　　　　　In Berlin　**habe**　　ich damals　　**gewohnt**.

当時、私はベルリンに住んでいました。

(3) 決定疑問文　**Haben**　Sie　　damals in Berlin　**gewohnt**?

あなたは当時、ベルリンに住んでいましたか。

(4) 補足疑問文　Wann　　**haben**　Sie in Berlin　　**gewohnt**?

あなたはいつ、ベルリンに住んでいましたか。　　　過去分詞の位置は常に文末です。

haben は定形の位置に置かれます。

▶145
CD2▶46

ドリル ❷ 次の動詞の現在完了形を作り、人称変化させましょう。

essen　　mieten　　leben　　anrufen　　auspacken　　verkaufen

▶146
CD2▶47

❸ 話法の助動詞の現在完了形

話法の助動詞の過去分詞には2種類の形があります。他の動詞と結びつけて使う場合、話法の助動詞の過去分詞は不定詞と同じ形になります。

不定詞	過去分詞	
	他の動詞を伴う場合	単独で使う場合
können	können	gekonnt
müssen	müssen	gemusst
wollen	wollen	gewollt
dürfen	dürfen	gedurft
sollen	sollen	gesollt
mögen（Lektion 10 応用編も参照）	mögen	gemocht

Tipp!

過去分詞の形が違っても現在完了形の意味は変わりません。

(1) Ich **habe** gestern zur Bank **gehen müssen**.

私は昨日、銀行に行かなくてはならなかった。

(2) Ich **habe** gestern zur Bank **gemusst**.

私は昨日、銀行に行かなくてはならなかった。

▶147
CD2▶48

ドリル ❸ 次の過去形の文を現在完了形に書き換えなさい。

1) Ich musste am Montag die Miete zahlen.

2) Kai konnte damals gut Französisch.

3) Frau Schulz wollte mit dem Taxi zum Bahnhof.

4) Die Kinder sollten ihr Zimmer aufräumen.

❹ sein を使った現在完了形

一部の自動詞は現在完了形の助動詞として sein を使います。使い方や動詞の位置は haben を助動詞とする場合と同じです。

	単数			複数		
1人称	ich	bin	gegangen (行った)	wir	sind	gegangen
2人称	du	bist	gegangen	ihr	seid	gegangen
3人称	er/sie/es	ist	gegangen	sie	sind	gegangen
敬称2人称	Sie	sind	gegangen	Sie	sind	gegangen

		位置1	位置2		文末
(1)	平叙文	Ich	bin	gestern zur Bank	gegangen.

私は昨日、銀行に行きました。

(2)		Zur Bank	bin	ich gestern	gegangen.

昨日、私は銀行に行きました。

(3)	決定疑問文	Sind	Sie	gestern zur Bank	gegangen?

昨日、あなたは銀行に行きましたか。

(4)	補足疑問文	Wohin	sind	Sie gestern	gegangen?

昨日、あなたはどこに行きましたか。

sein は定形の位置に置かれます。　　過去分詞の位置は常に文末です。

現在完了形の助動詞として sein を使う動詞は次のような自動詞です。

場所の移動を表す動詞	gehen (行く)　fahren (乗り物で行く)　kommen (来る) など
主語の状態変化を表す動詞	aufstehen (起きる) einschlafen (寝入る) sterben (死ぬ)　werden (なる) など
例外的なもの	sein (〜である)　bleiben (留まる)

Tipp!

現在完了形を作る際に **sein** を使う動詞を sein 支配と呼びます。**haben** を使う動詞は haben 支配です。

ドリル ❹ 次の動詞の現在完了形を作り、人称変化させましょう。

bleiben　fliegen　wachsen　werden　ankommen　abfahren

▶150
CD2▶51

重要な単語	生活に関わる語			
anmachen	(	)	die Praxis	(	)
arbeiten	(	)	das Rathaus	(	)
aufräumen	(	)	die Reinigung	(	)
auspacken	(	)	umziehen	(	)
duschen	(	)	unterschreiben	(	)
einziehen	(	)	warm	(	)
feiern	(	)	waschen	(	)
kalt	(	)	wohnen	(	)
das Konto	(	)	die Zeitschrift	(	)
die Mieterin	(	)	die Zeitung	(	)

応用編

▶151
CD2▶52

① es gibt 文型

es gibt は何かが「ある」ことを表します。存在するものは4格になるので注意しましょう。

(1) **Es gibt** in der Stadt **drei Parkplätze**.　　　　街には3箇所の駐車場がある。

(2) In Dresden **gibt es acht Hotels für Touristen**.　　ドレスデンには旅行者用のホテルが8軒ある。

▶152
CD2▶53

② 天気・状況を表す es

es は天気や場の状況を表現するために使うことができます。

(1) **Es** ist heute warm.　　　　　　　　　　　　今日は暖かいです。

(2) Im Winter ist **es** in Deutschland kälter als in Japan.　冬はドイツでは日本より寒いです。

(3) **Es** gefällt mir in Salzburg sehr gut.　　　　　ザルツブルクにいることはとても気に入っています。

(4) Wie geht **es** Ihnen? – Danke, **es** geht mir sehr gut.

お加減いかがですか？　ありがとうございます。とても調子はいいです。

▶153
CD2▶54

③ 過去完了形

現在完了形の助動詞を過去形に書き換えると過去完了形になり、過去のある時点で完了したことがらを表します。

(1) Anja kaufte gestern ein Sommerkleid. Vorher **hatte** sie auch einen Hut **gekauft**.

アンヤは昨日、夏のワンピースを買った。その前には帽子も買っていた。

(2) Wir waren am Sonntag im Restaurant am Rathaus. Dort **waren** wir auch schon

einmal **gewesen**.　私たちは日曜日に市役所のそばのレストランにいました。そこにはすでに一度行ったことがあったのです。

▶154
CD2▶55

1 次の語を与えられた動詞の過去形と組み合わせ、適切な形の文を作りましょう。

1) ich / am Markt / unsere Mieterin　　　　　　　　　　treffen
2) Herr Bergmann / in ein Café / danach　　　　　　　gehen
3) meine Tante / in der Wohnung / haben / keinen Fernseher　wollen
4) Emil / das Radio / gleich　　　　　　　　　　　　anmachen
5) schon einmal / Sie / in Zürich　　　　　　　sein [決定疑問文にすること]
6) Ihre Großmutter / bei welcher Bank / ein Konto　　haben
7) im April / diese Studenten / ins Studentenwohnheim　einziehen
8) Achim / seine Hochzeit / mit seinen Freunden　　　feiern
9) es / im August / viel　　　　　　　　　　　　　regnen
10) es / in dieser Wohnung / keine Heizung　　　　　geben
11) Möchtest du auch nach der Arbeit ins Kino kommen?　wollen
　　möchte には過去形はありません。過去の内容を表すため、wollen で代用します。

▶155
CD2▶56

2 次の現在形の文を現在完了形に書き換えましょう。

1) Der Vermieter schließt eine Versicherung ab.
2) Füllen Sie das Formular schon aus?
3) Meine Tochter bleibt zu Hause.
4) Duschst du heute Morgen?
5) Mit diesem Auto fahre ich nach Ungarn.
6) In der Schule lerne ich noch nicht Deutsch.
7) Im ICE kann ich keine Durchsage hören.
8) Wir sollen um 8 Uhr kommen.
9) Alex zieht im Herbst nach München um.
10) Wie lange wohnt Albert in diesem Haus?

3 次の文章を音読し、日本語に訳しましょう。

Liebe Monika,

wie geht es dir?
Ich war am Samstag in Berlin. Ich bin am Samstag ganz früh von hier losgefahren. Ich habe den ICE um 6.30 Uhr genommen. Um 10 Uhr kam ich dann in Berlin an und bin zuerst zum Brandenburger Tor gefahren. Dann bin ich zum Alexanderplatz gegangen. Ich war auch auf dem Fernsehturm am Alexanderplatz. Dort hat man eine Aussicht auf Berlin. Es hat mir dort sehr gefallen. Das Wetter war auch schön. Es war weder zu kalt noch zu warm. Dann habe ich in einem Café Mittag gegessen. Am Nachmittag bin ich zur Museumsinsel gegangen und habe die Museen dort besucht. Das Pergamonmuseum war besonders eindrucksvoll. Am Abend bin ich wieder mit dem ICE zurückgekommen. In Berlin gibt es viel mehr Sehenswürdigkeiten als hier. Ich möchte nochmals nach Berlin fahren. Wir können das vielleicht zusammen machen.

Viele Grüße
Takako

ドイツ語の手紙文で使う表現
・挨拶部分
Sehr geehrte Damen und Herren　　　Liebe Frau Hoffman
Sehr geehrte Frau Kleinert　　　Lieber Daniel
Sehr geehrter Herr Lang
・結び
Mit freundlichen Grüßen
Herzliche Grüße

4 **3** の文章にならって自分が週末にしたことをドイツ語で説明しましょう。

Lektion 9　形容詞の語尾変化・様々な助動詞・不定詞と zu 不定詞

基本編

❶ 形容詞の付加語用法

形容詞は前から名詞を修飾することができます（**付加語用法**）。その際、名詞の性・数・格に応じて３つのパターンで異なる語尾を添えます。

▶157
CD2▶58

A　定冠詞・定冠詞類が伴う名詞の形容詞修飾で添えられる語尾

	男性名詞	女性名詞	中性名詞	複数
1格	-e	-e	-e	-en
2格	-en	-en	-en	-en
3格	-en	-en	-en	-en
4格	-en	-e	-e	-en

(1) 男性名詞1格　　　der alte Laden（alt → alte）　　　その古い店
(2) 女性名詞1・4格　die große Wohnung（groß → große）　その大きい住居
(3) 女性名詞2・3格　der hohen Qualität（hoch → hohen）　その高い品質

　　語尾だけでなく形容詞の形自体が変わることもあります。

(4) 男性名詞1格　　　der andere Kunde（ander- → andere）　もう一方の客

　　ander- は不定代名詞の一種（➡ Lektion 6）ですが、名詞の前で形容詞のように語形が変化します。

B　不定冠詞・不定冠詞類が伴う名詞の形容詞修飾で添えられる語尾

	男性名詞	女性名詞	中性名詞	複数
1格	-er	-e	-es	-en
2格	-en	-en	-en	-en
3格	-en	-en	-en	-en
4格	-en	-e	-es	-en

(1) 女性名詞1・4格　eine neue Adresse（neu → neue）　新しい住所
(2) 複数1・4格　　　unsere kleinen Räume（klein → kleinen）　私たちの小さな部屋
(3) 複数1・4格　　　kleine Räume（klein → kleine）　小さな部屋

　　不定冠詞は複数の形がありません。形容詞は C のパターンで変化します。

(4) 中性名詞1・4格　sein renoviertes Zimmer（renoviert → renoviertes）

　　過去分詞を形容詞のように使うこともできます。　彼の改装された部屋

C 冠詞が伴わない名詞の形容詞修飾

	男性名詞	女性名詞	中性名詞	複数
1格	-er	-e	-es	-e
2格	-en	-er	-en	-er
3格	-em	-er	-em	-en
4格	-en	-e	-es	-e

(1) 男性名詞1格　　　guter Kaffee（gut → guter）　　　良質のコーヒー

(2) 中性名詞1・4格　　warmes Wasser（warm → warmes）　　湯

(3) 複数1・4格　　　　grüne Tassen（grün → grüne）　　　緑のカップ

　　このパターンで添えられる語尾は定冠詞の変化に準じます。

> **Tipp!**
> 名詞の性がわからないと正しい形が作れません。
> 名詞を覚えるときは性も必ず覚えましょう。

▶158
CD2▶59

ドリル ❶ 次の名詞と形容詞（過去分詞）を結びつけ、単数と複数の1格から4格の形を作りましょう。
定冠詞の場合と不定冠詞の場合の両方で練習しなさい。

hoch + Preis　　　alt + Bäckerei　　　preiswert + Stuhl　　　repariert + Fahrrad

▶159
CD2▶60

❷ 未来形

未来形は未来の事柄や推量を表す形です。助動詞 werden と不定詞から作ります。不定詞は文末に
置かれます。

	単数		複数		
1人称	ich	werde zahlen（払う、払うでしょう）	wir	werden	zahlen
2人称	du	wirst zahlen	ihr	werdet	zahlen
3人称	er/sie/es	wird zahlen	sie	werden	zahlen
敬称2人称	Sie	werden zahlen	Sie	werden	zahlen

(1) Ich werde für heute Abend im neuen Restaurant am Ludwigsplatz einen Tisch
reservieren.　　　私は今晩のためにルートヴィヒ広場の新しいレストランに席を予約します。

(2) Wir werden bei der Bank die Miete für November zahlen.
私たちは銀行で11月分の家賃を払います。

> **Tipp!**
> 未来の事柄は現在形で表すこともできます（➡ Lektion 1）。
> 特に、確実に起きる未来の事柄は現在形で表すのが普通です。

▶160 CD2▶61 **ドリル❷** 次の動詞の未来形を作り、人称変化させましょう。

baden　kaufen　telefonieren　einkaufen　besuchen　vermieten

▶161 CD2▶62 **❸ 不定詞と zu 不定詞**

動詞の不定詞の前に zu を添えて **zu 不定詞**を作ります。

	不定詞	zu 不定詞
	stehen (立っている)	zu stehen
分離動詞	aufstehen (起きる)	aufzustehen
非分離動詞	verstehen (理解する)	zu verstehen

分離動詞では前綴りの後に zu を入れ、全体を一語で書きます。

不定詞と zu 不定詞は他の要素と結びついて**不定詞句**または **zu 不定詞句**を作ります。不定詞句や zu 不定詞句では動詞は末尾に置かれます。

(1)　　　　Ich verkaufe mein altes Fahrrad an eine Studentin.
私はある女子大学生に私の古い自転車を売ります。

(2) 不定詞句　mein altes Fahrrad an eine Studentin verkaufen
ある女子大学生に私の古い自転車を売る

(3) zu 不定詞句　mein altes Fahrrad an eine Studentin zu verkaufen
ある女子大学生に私の古い自転車を売る

Tipp! 日本語に訳す際、不定詞句と zu 不定詞句の主語は文脈から補います。

▶162 CD2▶63 **ドリル❸** 次の動詞の zu 不定詞を作りましょう。

abfahren　bekommen　danken　heiraten　mitnehmen　vorlesen

▶163 CD2▶64 **❹ 不定詞・zu 不定詞と結びつく助動詞**

話法の助動詞や未来形の助動詞 werden 以外にも不定詞・zu 不定詞と組み合わせて使う動詞があります。その際、不定詞・zu 不定詞は文末に置かれます。

A 不定詞と組み合わせる助動詞

不定詞の主語にあたる名詞・代名詞は４格になります。

lassen (～させる)
(1) Ich **lasse** meine Tochter zur Kasse **gehen**.　　　私は娘にレジに行かせます。
(2) Wir **lassen** unsere Kinder Klavier **spielen**.　　　私たちは子供たちにピアノを弾かせます。

sehen (～が見える)
(3) Ich **sehe** Sascha Gitarre **spielen**.　　サッシャがギターを弾いているのが見える。

hören (～が聞こえる)
(4) Ich **höre** Sascha Gitarre **spielen**.　　サッシャがギターを弾いているのが聞こえる。

B　zu 不定詞と組み合わせる助動詞

zu 不定詞句はコンマで区切ります。不定詞の主語にあたる名詞・代名詞は 1 格・3 格・4 格の場合があります。

versprechen （〜を約束する）

(5) Ich **habe** meiner Frau **versprochen**, für sie ein Buch von der Buchhandlung **abzuholen**.　　　私は妻に、書店で彼女の代わりに本を受け取ってくると約束しました。

vorhaben （〜を予定する）

(6) Wir **haben vor**, 20 Gäste zu unserer Party **einzuladen**.
私たちは 20 人の客を私たちのパーティーに招待する予定です。

empfehlen （〜を勧める）

(7) Professor Achleitner **empfiehlt** den Studenten, die Ausstellung im Stadtmuseum **zu besuchen**.　　　アハライトナー教授は大学生たちに市立博物館での展示会を訪れるよう勧めています。

bitten （〜を頼む）

(8) Ich **bitte** Sie, am Donnerstag um 14 Uhr noch einmal zu uns **zu kommen**.
木曜日の 14 時にもう一度私たちのところに来てくださいますようお願いします。

> **Tipp!**
> 不定詞となる動詞が他動詞の場合、文中に 2 つの 4 格が現れる場合があります。

▶164 CD2▶65
ドリル❹ 次の文を Ich lasse ... と組み合わせ、「私は…させる」という意味の文を作りましょう。また、**Ich empfehle ...** と組み合わせ、「私は…を勧める」という意味の文も作りましょう。

1) Mein Freund schreibt einen Brief an meinen Vater.
2) Meine Mitarbeiterin bestellt ein Glas Weißwein.
3) Meine Studenten lesen jeden Tag einen deutschen Zeitungsartikel.
4) Meine Schüler singen in einem Chor.

▶165 CD2▶66

重要な単語　買い物				
die Bäckerei	(	)	der Laden	(	)
bestellen	(	)	der Markt	(	)
bezahlen	(	)	der Marktplatz	(	)
billig	(	)	mitnehmen	(	)
die Buchhandlung	(	)	der Preis	(	)
einkaufen gehen	(	)	preiswert	(	)
das Geschäft	(	)	die Qualität	(	)
die Kasse	(	)	die Rechnung	(	)
der Kiosk	(	)	teuer	(	)
der Kunde	(	)	wechseln	(	)

▶166 CD2▶67 **①** 未来完了形

未来形の助動詞 werden と完了形の助動詞 haben または sein の不定詞・過去分詞から**未来完了形**を作ります。

(1) Bis nächste Woche **wird** Paul sein Fahrrad **repariert haben**.

　　来週までにパウルは自分の自転車の修理を終えているだろう。

(2) Das Paket **wird** übermorgen bei Frau Hartmann **angekommen sein**.

　　その小包は明後日、ハルトマンさんのところに届いているだろう。

▶167 CD2▶68 **②** 勧誘・提案表現

主語を wir にし、現在形と同じ形の動詞を文頭に置くと勧誘表現ができます。助動詞 wollen や lassen を使うこともできます。

A 主語を **wir** にし、動詞を文頭に置く場合

動詞は現在形と同じ形になり、文末は感嘆符（！）で終えます。

(1) **Feiern wir** draußen!

　　外でパーティーをしましょう。

(2) **Seien wir** zueinander freundlich!

　　互いに友好的でいましょう。

　　sein の場合、形は例外的に seien になります。

(3) **Laden wir** zu unserer Party zehn Gäste **ein**!

　　パーティーには 10 人のお客さんを招待しましょう。

　　分離動詞の場合、分離前綴りは文末に置きます。

B 主語を **wir** にし、話法の助動詞 **wollen** を使う決定疑問文を使う場合

疑問符（？）で終えます。

(4) **Wollen wir** draußen Fußball **spielen**?

　　外でサッカーしましょうか。

C lassen の命令形と uns を使う場合

話し相手によって lassen の形が違います。また、4 格の名詞・代名詞が 2 つ現れる場合があります。

(5) **Lass uns** einen Ausflug **machen**!　　ハイキングに行きましょう。（親称を使う相手一人に言う場合）

　　Lasst uns einen Ausflug **machen**!　　ハイキングに行きましょう。（親称を使う相手複数に言う場合）

　　Lassen Sie uns einen Ausflug **machen**!　　ハイキングに行きましょう。（敬称を使う相手に言う場合）

③ **viel の用法**

viel を不定代名詞として使う場合、形容詞と同じ語尾変化を見せます。後に来る名詞の修飾に使うこともあります。

(1) **Viele** kaufen in diesem Supermarkt ein.

多くの人がこのスーパーマーケットで買い物をする。

複数の語尾がある場合、（複数の）人を表すのが普通です。

(2) Wir müssen für unsere Party **vieles** kaufen.

私たちはパーティーのためにたくさんのものを買わなければならない。

単数の場合は中性の語尾を伴い、事物を表すのが普通です。

(3) Wir müssen für unsere Party **viel** kaufen.

私たちはパーティーのためにたくさんのものを買わなければならない。

語尾を伴わないで使われる場合が多くあります。

(4) Mein Onkel kauft in dieser Buchhandlung **viele** Bücher.

私のおじはこの書店でたくさんの本を買います。

後に続く名詞の修飾に使われる場合、名詞の性・数・格に応じた語尾を伴うことがあります。

(5) Simone trinkt immer **viel** Wasser.

ジモーネはいつも水をたくさん飲みます。

後に名詞が続いても語尾を伴わない場合もあります。

▶169 CD2▶70　1 与えられた形容詞を適切な形にし、文を作りましょう。

1) Der Herr mit der _____ Jacke hat uns auch im August besucht.　　weiß

2) Ich schenke meinem Bruder zum Geburtstag eine _____ Krawatte.　　gelb

3) Kai trinkt gern _____ Tee.　　schwarz

4) Was hast du mit deinem _____ Smartphone gemacht?　　teuer

5) Frau Lachmann ist eine _____ Sängerin.　　berühmt

6) Der _____ Berg in Deutschland ist die Zugspitze.　　hoch を最上級で

7) Haben Sie hier keine _____ Blusen?　　groß を比較級で

▶170 CD2▶71　2 次の現在形の文を未来形に書き換えましょう。

1) Wir kochen heute Abend japanisch.

2) Herr Doktor Kowalski kommt um 11 Uhr ins Büro.

3) Morgen regnet es viel.

4) Die Pizza ist in 20 Minuten fertig.

5) Wir haben wahrscheinlich einen warmen Winter.

6) Nächstes Jahr müssen wir jeden Tag um 5 Uhr aufstehen.

7) Die Reise auf einem Schiff ist bequemer als die Reise mit dem Flugzeug.

▶171 CD2▶72　3 挙げられている単語を使って平叙文を作りましょう。定動詞は ich を主語とする現在完了形にし、適宜足りない単語を補いなさい。

1) Spanisch / lernen / angefangen

2) in diesem Hotel / bekommen / ein Nichtraucherzimmer / gehofft

3) mein Zugticket / kaufen / am Bahnhof / vergessen

4) meine Hausarbeit / Professor Meyer / lesen / gebeten

5) aufräumen / meine Großmutter / ihre Wohnung / geholfen

6) mein Bruder / in diesem Restaurant / bar zahlen / empfohlen

7) am Freitag mit unserem Chef / meine Kollegen / Tennis spielen / vorgeschlagen

▶172 CD2▶73　4 次の文から応用編 ② の勧誘・提案表現を作ってみましょう。敬称を使う相手に言う場合にすること。

1) Wir gehen am Sonntag ins Schwimmbad.

2) Wir kochen heute Abend mit Anna zusammen.

3) Wir kaufen am Kiosk etwas zu trinken.

4) Wir machen am Samstag eine Grillparty mit unseren Freunden.

5) Wir fragen bei der Touristeninformation nach den Hotelpreisen im Dezember.

5 次の会話文を音読しましょう。

S : Sascha　Ch : Christina

S : Hallo?

Ch : Hallo, Sascha! Hier ist Christina. Wie geht es dir?

S : Danke, gut. Und dir?

Ch : Danke, auch gut. Du, wir wollten doch für die Prüfung nächste Woche zusammen lernen, nicht wahr? Wann wollen wir das machen? Wir brauchen dafür bestimmt drei Stunden.

S : Stimmt! Das wollten wir machen. Hast du am Donnerstag Zeit? Da habe ich nur bis Mittag Uni.

Ch : Nein, am Donnerstag habe ich zwar vormittags frei, aber um 13 Uhr habe ich einen Termin beim Zahnarzt. Danach habe ich wenig Zeit, um 15 Uhr habe ich ein Seminar an der Uni.

S : Dann schlage ich vor, uns am Freitag zu treffen. Aber das darf nicht so spät sein, ich werde nämlich gegen 18 Uhr nach Hause nach Herne fahren. Ich komme erst am Sonntagabend zurück.

Ch : Gut. Wollen wir uns dann um 12 Uhr treffen? Vorher muss ich noch einkaufen gehen.

S : Ok. Dann werden wir vor meiner Abfahrt etwas Zeit haben. Lass uns in die Uni-Bibliothek gehen!

Ch : Alles klar!

6 次にあるのは Christina さんと Sascha さんの予定表です。**5** の会話の後、Christina さんは歯科医の予約が金曜日の 13 時だったことに気づき、Sascha さんに電子メールを書くことにしました。どのような内容にすれば良いでしょうか。空欄に（　　　）内の語を適切な形にして入れ、文章を完成させなさい。完成した文章は日本語に訳しましょう。

		Christina	Sascha
Donnerstag	8.00		⎱ Seminar Zivilrecht
	9.00		
	10.00		⎱ Vorlesung Internationales Recht
	11.00		
	12.00		
	13.00	Zahnarzt	
	14.00		
	15.00	⎱ Uni, Seminar Finanzpolitik	
	16.00		
	17.00		
	18.00		
	19.00		
Freitag	8.00		
	9.00	⎱ Einkaufen	
	10.00		
	11.00		
	12.00		
	13.00	⎱ Zahnarzt	
	14.00		
	15.00		
	16.00		
	17.00		
	18.00		Bahnhof, 18.07 Zug nach Herne
	19.00		

Lieber Sascha,

1. _____ .
   (ich / dir / sagen / etwas Falsches)
2. _____ , sondern am Freitag um 13 Uhr.
   (mein Zahnarzttermin / am Donnerstag / nicht / sein)
   Es tut mir sehr leid.
   Ich möchte dir vorschlagen, 3. _____ ,
   also nach der Uni.
   (zu / uns doch / treffen / am Donnerstag um 17 Uhr)
   Geht das?
4. _____ .
   (wir / uns auch / treffen / können / am Donnerstag um 12 Uhr)

Viele Grüße
Christina

Lektion 10 　再帰代名詞と再帰動詞・zu 不定詞句

▶175
CD2▶76

基本編

❶ 再帰代名詞と再帰動詞

再帰代名詞は主語と同じ人や物を指す３格・４格の代名詞です。形は通常の代名詞の３格・４格の形に準じますが、３人称と敬称のみ常に sich になります。

	単数			複数		
	1格	再帰代名詞3格	再帰代名詞4格	1格	再帰代名詞3格	再帰代名詞4格
1人称	ich	mir	mich	wir	uns	uns
2人称	du	dir	dich	ihr	euch	euch
3人称	er/sie/es	sich	sich	sie	sich	sich
敬称2人称	Sie	sich	sich	Sie	sich	sich

敬称の Sie の再帰代名詞は小文字で始めます。

(1) Wir kennen uns seit langem.　　　　　私たちは長いこと互いに知り合いです。

(2) Unsere Nachbarn helfen sich beim Einkaufen.　　私たちの隣人たちは買い物の際に助け合います。

再帰動詞は常に再帰代名詞を伴う動詞です。ほとんどの場合、４格の再帰代名詞を伴いますが、３格の再帰代名詞を伴うものもあります。

	単数			複数		
1人称	ich	freue (喜ぶ、楽しみにする)	mich	wir	freuen	uns
2人称	du	freust	dich	ihr	freut	euch
3人称	er/sie/es	freut	sich	sie	freuen	sich
敬称2人称	Sie	freuen	sich	Sie	freuen	sich

動詞によっては再帰動詞としての用法と通常の用法の両方があります。再帰動詞となる場合、動詞の意味が変化することが多くあります。

freuen

(1) Die Nachricht freut ihn sehr.　　　　その知らせは彼をとても喜ばせます。

(2) Er freut sich sehr.　　　　　　　　彼はとても喜んでいます。

interessieren

(3) Die neue Küche hat sie sehr interessiert.　　その新しいキッチンは彼女の興味をとても惹きました。

(4) Sie hat sich für die neue Küche interessiert.　　彼女はその新しいキッチンに興味を持ちました。

再帰動詞には特定の前置詞と強く結びつくものが多くあります。

vorstellen

(5) Frau Jäger **stellt uns** heute ihren Film **vor**.

イェーガーさんは今日、私たちに彼女の映画を紹介してくれます。

(6) Frau Jäger **stellt sich** ihren Film als Erfolg **vor**.

イェーガーさんは彼女の映画を成功したものとイメージしています。

3 格の再帰代名詞は 4 格の目的語がある場合のみ使われます。

Tipp! 再帰動詞と一緒に使う前置詞は辞書などで調べて覚えましょう。

▶176 CD2▶77 **ドリル ❶** 次の再帰動詞を現在人称変化させ（再帰代名詞も含めること）、音読しましょう。

sich ärgern   sich freuen   sich treffen   sich anziehen

sich entschuldigen   sich unterhalten

▶177 CD2▶78 **❷ zu 不定詞句の名詞的用法**

zu 不定詞句は文の主語や目的語になることがあります。zu 不定詞句が文の後半に置かれる場合、es や da(r)- と前置詞の融合形がその内容を先取りすることもあります。

(1) Eine Wohnung zu renovieren kostet oft sehr viel.

住居の改装はしばしばとてもお金がかかります。

(2) Es kostet oft sehr viel, eine Wohnung zu renovieren.

住居の改装はしばしばとてもお金がかかります。

(3) Ich finde es gut, unsere alten Möbel zu verkaufen.

私たちの古い家具を売ることは良いことだと思います。

(4) Mein Vater freut sich darauf, in unser neues Haus einzuziehen.

私の父は新しい家に入居することを楽しみにしています。

zu 不定詞句の内容を先取りする要素がある場合、zu 不定詞句はコンマで区切ります。

Tipp! コンマの有無に注意しましょう。

▶178 CD2▶79 **ドリル ❷** 次の zu 不定詞句を主語とする文を、zu 不定詞句の内容を先取りする es を主語とする文に書き換えなさい。日本語に訳しましょう。

1) Auf diesem Sofa zu sitzen ist sehr angenehm.
2) Einen Aufzug zu benutzen ist besser.
3) Den Eingang dieses Hauses zu finden ist nicht einfach.
4) An einem sonnigen Tag auf dem Balkon zu feiern ist schön.
5) Einen Fernseher im Kinderzimmer zu haben ist nicht gut.
6) In der Toilette zu rauchen ist gefährlich.

❸ zu 不定詞句の形容詞的用法

zu 不定詞句は直前の名詞を修飾し、「～すべき」「～するための」という意味を表すことができます。

(1) Ich habe keine Zeit, **den Brief zum Briefkasten zu bringen**.
私にはその手紙をポストに持っていく時間がありません。

(2) Es gibt diese Woche keine Möglichkeit, **einen neuen Schlüssel zu bekommen**.
今週は新しい鍵をもらえる可能性がありません。

zu 不定詞句はコンマで区切られます。

(3) Im Wohnzimmer findest du etwas **zu lesen**.
居間には読むものがありますよ。

(4) Im Kühlschrank gibt es nichts **zu trinken**.
冷蔵庫には飲み物はありません。

etwas や nichts を修飾する zu 不定詞句もあります。

> **Tipp!**
> etwas や nichts を修飾する zu 不定詞句はコンマを伴いません。

ドリル ❸ 次の文を **Ich habe keine Lust, ...** という表現を使って書き換えましょう。

1) Ich möchte nicht nachts auf dem Balkon stehen.
2) Ich möchte heute nicht ins Konzert gehen.
3) Ich möchte nicht nachmittags im Garten arbeiten.
4) Ich möchte am Wochenende nicht zu Hause bleiben.
5) Ich möchte diese Bilder nicht an die Wand hängen.

❹ zu 不定詞句の副詞的用法

zu 不定詞句は ohne / um / statt を伴い、動詞や文などを修飾することもできます。ohne / um / statt は不定詞句の始めに置き、コンマで区切ります。

(1) Brigitte ist in die Küche gegangen, **ohne das Licht auszumachen**.
ブリギッテは明かりを消さずにキッチンに行きました。

(2) Ich wollte ins Badezimmer gehen, **um mir die Hände zu waschen**.
私は手を洗うために浴室に行こうと思いました。

(3) Unsere Kinder haben immer in der Garage laute Musik gespielt, **statt Sport zu machen**.
私たちの子供たちは運動をすることなく、いつもガレージでうるさい音楽を演奏していました。

> **Tipp!**
> zu 不定詞句の中では不定詞を末尾に置きます。

ドリル❹ 次の文の（　　）に **ohne / um / statt** のいずれか最も適切なものを入れましょう。
日本語に訳しましょう。

1) Erich schlief ein, (　　　) den Fernseher auszumachen.

2) Martin wollte auf das Dach des Hauses steigen, (　　　　) Sterne zu sehen.

3) Mein Bruder ist im Kinderzimmer geblieben, (　　　　) mit mir ins Wohnzimmer zu gehen.

4) Ich gehe jetzt in die Stadt, (　　　) einen neuen Spiegel zu kaufen.

◯ **重要な単語** 住居			
◯ der Balkon	(　　　)	der Schlüssel	(　　　)
◯ die Dusche	(　　　)	der Schrank	(　　　)
◯ die Heizung	(　　　)	das Sofa	(　　　)
◯ kalt	(　　　)	der Tisch	(　　　)
◯ der Keller	(　　　)	die Toilette	(　　　)
◯ die Küche	(　　　)	der Vermieter	(　　　)
◯ das Licht	(　　　)	die Wand	(　　　)
◯ die Miete	(　　　)	warm	(　　　)
◯ das Möbel	(　　　)	die Wohnung	(　　　)
◯ renovieren	(　　　)	das Zimmer	(　　　)

▶184 CD3▶01 **①　基本的な再帰動詞とそれに伴う前置詞**

sich^4 は４格の再帰代名詞を伴うことを表します。

sich^4 anmelden (bei/zu/für)	sich^4 anziehen	sich^4 ärgern
sich^4 ausruhen	sich^4 ausziehen	sich^4 bedanken (für)
sich^4 beeilen	sich^4 beschweren (bei)	sich^4 bewerben (um)
sich^4 duschen	sich^4 eintragen	sich^4 entschuldigen (für)
sich^4 erinnern (an)	sich^4 erkälten	sich^4 freuen (über/auf)
sich^4 fühlen (...)	sich^4 interessieren (an/für)	sich^4 kümmern (um)
sich^4 setzen	sich^4 streiten (mit)	sich^4 treffen (mit)
sich^4 umziehen	sich^4 unterhalten	sich^4 verletzen
sich^4 verlieben (in)	sich^4 verspäten	sich^4 vorstellen
sich^4 waschen		

▶185 CD3▶02 **②　他動詞 mögen**

mögen は話法の助動詞ですが、通常の他動詞として使うこともあります。意味に気をつけましょう。

(1) Ich **mag** Äpfel.　　　私はリンゴが好きです。

(2) **Magst** du Orangen?　　　きみはオレンジは好きですか。

▶186 CD3▶03 **③　序数詞**

順序を表すためには**序数詞**を使います。序数詞は基数詞と形が大きく異なる場合もあります。形容詞と同じ語尾変化をします。文字で書く場合は、数字の後にピリオド「.」を加えます。

1 から **19** まで：基数詞に t を加えるのが基本の形です。

1.	erst	11.	elft
2.	zweit	12.	zwölft
3.	dritt	13.	dreizehnt
4.	viert	14.	vierzehnt
5.	fünft	15.	fünfzehnt
6.	sechst	16.	sechzehnt
7.	siebt	17.	siebzehnt
8.	acht	18.	achtzehnt
9.	neunt	19.	neunzehnt
10.	zehnt		

▶187
CD3▶04

20 以上：基数詞に st を加えるのが基本の形です。

20.	zwanzigst	60.	sechzigst	24.	vierundzwanzigst
30.	dreißigst	70.	siebzigst	31.	einunddreißigst
40.	vierzigst	80.	achtzigst	69.	neunundsechzigst
50.	fünfzigst	90.	neunzigst	72.	zweiundsiebzigst

▶188
CD3▶05

④ 日付の表し方

日付を表す際には序数詞を使います。日は常に男性単数の定冠詞と序数詞で表します。序数詞の変化語尾に注意しましょう。

書き方	読み方
der 15.	der Fünfzehnte
am 15.	am Fünfzehnten
der 15. Dezember	der fünfzehnte Dezember
am 15. Dezember	am fünfzehnten Dezember
日と月を並べる場合、日を月より先に置きます。	
der 15.12.	der fünfzehnte Zwölfte
am 15.12.	am fünfzehnten Zwölften
文書などでは月も序数詞を使って表すことがあります。	

1 挙げられた単語を使って文を作りましょう。再帰代名詞は適切な形にすること。

1) ich / sich / am Wochenende / möchte / ausruhen
2) Gerd / sich / mit seiner Freundin / vor dem Kiosk / heute / trifft
3) Frau Wolf / sich / zu Hause / wohl / fühlt
4) wir / sich / an unseren gemeinsamen Urlaub in Bayern / gern / erinnern
5) wir / sich / für die Verspätung / wollen / entschuldigen
6) Tante Luise / sich / für ihre Kleidung / einen neuen Schrank / wird / kaufen
7) der Chef / sich / bei den Mitarbeitern / bedankte
8) Rainer / sich / nach der Dusche / zog / um
9) ihr / sich / gestern / wo / habt / unterhalten
10) Herr Habermann / sich / furchtbar / hat / erkältet

2 挙げられた単語を使って決定疑問文を作りましょう。

1) du / Zeit / dein Zimmer / hast / aufzuräumen
2) du / Angst / hattest / zu gehen / in den Keller
3) ihr / nichts / habt / zu trinken
4) Sie / Lust / im Schlafzimmer / haben / keine / länger zu bleiben
5) Paul / im Zug / etwas / braucht / zu lesen
6) es / wichtig / die Heizung / ist / auszumachen
7) es / notwendig / zu holen / war / das Bett aus dem Keller
8) du / dich / darüber / freust / zu haben / einen Tisch am Fenster
9) Sie / sich / dafür / interessieren / zu kaufen / ein Bild für das Wohnzimmer
10) er / sich / dafür / hat / zu kommen / entschuldigt / später / zur Party

3 次の質問に答えましょう。

1) Wann ist Wolfgang Amadeus Mozart geboren?　　27. 1. 1756
2) Wann ist Albert Einstein geboren?　　14. 3. 1879
3) Wann ist Michael Ende geboren?　　12. 11. 1929

4 次の履歴書に基づいて下の文章の空欄を埋めましょう。

Lebenslauf	
Persönliche Daten	
Name	Lucia Baumann
Geburtsdatum	1. 9. 1997
Geburtsort	Ortenburg
Anschrift	Wagnerstraße 8
	94496 Ortenburg
Telefon	085421 - 38 29 459
E-Mail	lucia.baumann@email.de
Berufliche Laufbahn	
Oktober 2018 - September 2019	Praktikum
	Ars Beratung Berlin GmbH
Ausbildung	
seit Oktober 2015 -	Universität Ortenburg
	Studium der Wirtschaftswissenschaften
	Schwerpunkt: Internationale Betriebswirtschaft
August 2007- Juli 2015	Altstadt-Gymnasium Ortenburg
	Abschluss Abitur (1,8)
Sprachkenntnisse	
	Deutsch (Muttersprache)
	Englisch (sehr gute Kenntnisse)
	Spanisch (gute Kenntnisse)

1) Ich heiße _____ .
2) Ich bin am _____ in _____ geboren.
3) Ich studiere seit _____ an _____
   _____ .
4) Vor dem Studium hatte ich von _____ bis _____ das
   _____ in Ortenburg besucht.
5) Meine Muttersprache ist _____ .
6) Ich spreche sehr gut _____ .
7) Spanisch spreche ich _____ .

基本編

▶193
CD3▶10
① 男性弱変化名詞

男性弱変化名詞は、単数1格以外のすべての形が en または n で終わります。

	単数	複数
1格	der Student （大学生）	die Studenten
2格	des Studenten	der Studenten
3格	dem Studenten	den Studenten
4格	den Studenten	die Studenten

Tipp!
男性弱変化名詞は多くありませんが、
基本単語にも含まれます。

▶194
CD3▶11
ドリル ❶ 次の名詞に定冠詞を添え、単数形・複数形の両方で1格から4格の形を作ってみましょう。

Arzt　　Herr　　Kollege　　Lehrer　　Polizist　　Schüler

▶195
CD3▶12
② 様々な名詞の作り方

動詞や形容詞から名詞を作ることができます。文字で書く時は大文字で始めます。

A　動詞の不定詞の名詞化

動詞の不定詞からは中性名詞が作られます。

essen → das Essen
kochen → das Kochen
leben → das Leben

B　形容詞の名詞化

形容詞が男性名詞になる場合は男性・男性名詞の表す事物、女性名詞になる場合は女性・女性名詞の表す事物、複数になる場合は複数の人・複数形名詞の表す事物、中性名詞になる場合は中性名詞の表す事物が表されます。

基となる形容詞（過去分詞）	定冠詞を伴う場合	不定冠詞を伴う場合
angestellt（雇われた）	der Angestellte（被雇用者）	ein Angestellter
deutsch（ドイツの）	die Deutsche（ドイツ人女性）	eine Deutsche
groß（大きい）	das Große（大きいもの）	ein Großes
alt（古い）	die Alten（老人たち）	Alte

名詞の前に置く形容詞（付加語用法→ Lektion 9）と同じ語尾変化をします。

deutsch （ドイツの）から作った名詞の変化

定冠詞を伴う場合

	男性単数	女性単数	中性単数	複数
1格	der Deutsche ドイツ人男性	die Deutsche ドイツ人女性	das Deutsche ドイツのもの、ドイツ語 など	die Deutschen ドイツ人たち
2格	des Deutschen	der Deutschen	des Deutschen	der Deutschen
3格	dem Deutschen	der Deutschen	dem Deutschen	den Deutschen
4格	den Deutschen	die Deutsche	das Deutsche	die Deutschen

不定冠詞を伴う場合

	男性単数	女性単数	中性単数	複数
1格	ein Deutscher	eine Deutsche	ein Deutsches	Deutsche
2格	eines Deutschen	einer Deutschen	eines Deutschen	Deutscher
3格	einem Deutschen	einer Deutschen	einem Deutschen	Deutschen
4格	einen Deutschen	eine Deutsche	ein Deutsches	Deutsche

Tipp!

deutsch から作った形は「ドイツ人」「ドイツ語」「ドイツのもの」を表し、特に重要です。

▶196
CD3 ▶ 13 **ドリル ❷** 次の形容詞（過去分詞）を、定冠詞を伴う男性の人を表す名詞にし、単数形・複数形の両方で1格から4格の形を作ってみましょう。

alt   brav   krank   schön   erwachsen   jugendlich

▶197
CD3 ▶ 14 **❸ 動作受動**

動詞 werden と過去分詞で動作受動を作ります。これは標準的な受動態の形です。助動詞となる werden は定動詞の位置、過去分詞は文末に置かれます。

	単数		複数	
1人称	ich werde gerettet （救われる）		wir werden gerettet	
2人称	du wirst gerettet		ihr werdet gerettet	
3人称	er/sie/es wird gerettet		sie werden gerettet	
敬称2人称	Sie werden gerettet		Sie werden gerettet	

(1) **動作受動** Der Brief **wird** von einem Lehrer zur Post **gebracht**.
その手紙はある先生によって郵便局へ運ばれる。

能動 Ein Lehrer **bringt** den Brief zur Post.　　ある先生がその手紙を郵便局に運ぶ。

能動文の4格目的語が動作受動文の1格主語になります。

(2) **動作受動** Dieses Handy **wurde** von Gregor **benutzt**.
この携帯電話はグレーゴルにより使われた。

能動 Gregor **benutzte** dieses Handy.　　　　グレーゴルはこの携帯電話を使った。

能動文の主語は、受動文では前置詞 von か durch を使って表すことができます。

(3) **動作受動** Briefmarken **werden** auch am Bahnhof **verkauft**.
駅でも切手が売られている。

能動 Man **verkauft** auch am Bahnhof Briefmarken.
人々は駅でも切手を売っている。

能動文の主語が明確に表されないとき（man の場合など）、受動文では対応する表現は省略されます。

(4) **動作受動** Der Drucker **ist** schon von Herrn Ackermann **repariert worden**.
そのプリンターはもうアッカーマンさんにより修理された。

能動 Herr Ackermann **hat** den Drucker schon **repariert**.
アッカーマンさんはもうそのプリンターを修理した。

動作受動を現在完了形にするときの助動詞は sein、助動詞 werden の過去分詞は worden です。

Tipp!
動作受動の現在完了形では過去分詞を2つ使います。

▶198
CD3▶15 **ドリル❸** 次の動詞の動作受動を人称変化させ、音読しましょう。現在形・過去形・現在完了形を作ってみましょう。

fragen　　prüfen　　anrufen　　einladen　　besuchen　　verletzen

▶199
CD3▶16 **④ 状態受動**

状態受動はすでに終わった事柄の結果を表す形式で、動詞 sein と過去分詞で作ります。助動詞となる sein は定動詞の位置、過去分詞は文末に置かれます。基本的な作り方は動作受動と同じです。

	単数			複数		
1人称	ich （救われている）	bin	gerettet	wir	sind	gerettet
2人称	du	bist	gerettet	ihr	seid	gerettet
3人称	er/sie/es	ist	gerettet	sie	sind	gerettet
敬称2人称	Sie		sind gerettet	Sie	sind	gerettet

(1) **状態受動**　Das Büro ist zugemacht.　　オフィスは閉められてしまった。

　　能動　Die Kollegen machten das Büro zu.　　同僚たちはオフィスを閉めてしまった。

(2) **状態受動**　Ist die Telefonrechnung bezahlt?　　この電話料請求書は支払われたのですか。

　　能動　Haben deine Eltern die Telefonrechnung bezahlt?

　　ご両親がこの電話料請求書を支払ったのですか。

Tipp!

能動文の主語にあたる要素は、動作受動文では前置詞を使って表す
ことができますが、状態受動文では省略されるのが普通です。

▶200
CD3▶17

ドリル ❹ 次の動詞の状態受動で使われている過去分詞を不定詞にしましょう。

1) Das Fenster ist geöffnet.
2) Der Supermarkt ist geschlossen.
3) Das Zimmer war geputzt.
4) Die Fahrräder waren repariert.

▶201
CD3▶18

重要な単語　通信				
die Adresse	(	)	das Paket	(	)
anrufen	(	)	die Post	(	)
der Brief	(	)	die Postkarte	(	)
der Briefkasten	(	)	die Postleitzahl (PLZ)	(	)
die Briefmarke	(	)	schicken	(	)
die E-Mail	(	)	schreiben	(	)
informieren	(	)	das Smartphone	(	)
international	(	)	das Telefon	(	)
das Internet	(	)	telefonieren	(	)
die Nachricht	(	)	die Telefonnummer	(	)

▶202
CD3▶19 ① 動作受動・状態受動の使い分け

受動文	対応する能動文

(1) Der Fernseher **wird repariert**.　　Man **repariert** den Fernseher.

そのテレビは修理中だ。　　　　　　　　　　　人々はそのテレビを修理中だ。

　動作受動は進行中の事態を表します。

(2) Der Fernseher **ist repariert**.　　Man **hat** den Fernseher **repariert**.

そのテレビは修理されている。　　　　　　　人々はそのテレビを修理した。

　状態態受動は多くの場合、終わった事態の結果を表します。

(3) Heute **wird** die ganze Nacht **getanzt**.　　Man **tanzt** heute die ganze Nacht.

今日は夜通し踊りがされている。　　　　　　人々は今日、夜通し踊る。

　動作受動は自動詞から作ることもできます。

▶203
CD3▶20 ② 前綴り・後綴り（接尾辞）による名詞・形容詞の作り方

名詞を作る要素

さまざまな前綴り・後綴りを使って名詞・形容詞を作ることができます。その際、基の単語の形が
わずかに変わることがあります。次のような前綴り・後綴りがよく使われます。

-in　　　der Student (男性大学生) → **die Studentin** (女性大学生)　女性名詞が作られます。

　　　　　der Arzt (男性医師) → **die Ärztin** (女性医師)

-er　　　fahren (乗り物で行く) → **der Fahrer** (運転手)　　　男性名詞が作られます。

　　　　　kaufen (買う) → **der Käufer** (買い手)

-ung　　zahlen (払う) → **die Zahlung** (支払い)　　　　女性名詞が作られます。

　　　　　übernachten (泊まる) → **die Übernachtung** (宿泊)

-heit/keit　krank (病気の) → **die Krankheit** (病気)　　　　女性名詞が作られます。

　　　　　wichtig (重要な) → **die Wichtigkeit** (重要さ)

形容詞を作る要素

un-　　　möglich (可能な) → **unmöglich** (不可能な)　否定の意味が加えられます。

　　　　　wichtig (重要な) → **unwichtig** (重要でない)

-ig　　　der Hunger (空腹) → **hungrig** (空腹の)

　　　　　die Wolke (雲) → **wolkig** (曇った)

-lich　　der Beruf (職業) → **beruflich** (職業上の)

　　　　　der Tag (日) → **täglich** (日々の)

-los　　die Arbeit (仕事) → **arbeitslos** (無職の)　欠如の意味が加えられます。

　　　　　die Kosten (費用) → **kostenlos** (無料の)

③ 名詞を組み合わせた名詞

複数の名詞を組み合わせて新しい名詞を作ることができます。

die Arbeit (仕事) + der Platz (場) 　　　→ der Arbeitsplatz (職場)

das Telefon (電話) + die Nummer (番号) 　→ die Telefonnummer (電話番号)

die Stadt (市) + das Museum (博物館) 　　→ das Stadtmuseum (市立博物館)

後の名詞の性が全体の性になります。

④ **etwas/nichts** を修飾する形容詞

代名詞 etwas/nichts は形容詞を後ろに置いて修飾できます。形容詞は冠詞を伴わない中性名詞を修飾する場合と同じ形になり、文字で書く場合は大文字で始めます。

(1) In der Zeitung habe ich etwas Interessantes gelesen. (← interessant)

　　　私は新聞で興味深いことを読んだ。

(2) Essen Sie nichts Gesundes? (← gesund)

　　　あなたは健康なものは何も食べないのですか。

▶206 / CD3▶23 **1** 次の能動文を動作受動文に書き換えましょう。動詞の時制は同じ形を選ぶこと。

1) Klaus schickt später eine E-Mail an unser Geschäft. （現在形で）
2) Man öffnet bei schönem Wetter das Fenster. （現在形で）
3) Studenten stellen dem Professor viele Fragen vor dem Prüfungstag. （現在形で）
4) Der Verkäufer empfiehlt uns dieses Tablet. （現在形で）
5) Sabine vermietet ihr Zimmer an eine Studentin. （現在形で）
6) Der amerikanische Pianist reservierte einen Nichtraucherplatz im Restaurant.

（過去形で）
7) Man baute 1869 die Universitätsbibliothek. （過去形で）
8) Die Studenten baten Professor Kaufmann, seine Theorie zu erklären. （過去形で）
9) Wir haben unser Auto falsch geparkt. （現在完了形で）
10) Eine Deutsche hat dieses Buch geschrieben. （現在完了形で）

▶207 / CD3▶24 **2** 次の疑問文に対する答えを完成させましょう。状態受動文を使うこと。

1) Haben die Kinder den Spiegel im Bad geputzt?
　— Ja, _____ .
2) Haben Sie Ihren Aufsatz gedruckt?
　— Ja, _____ .
3) Hat der Manager die Mitarbeiter des Hotels über dieses Problem informiert?
　— Ja, _____ .
4) Hat Cecilia das Licht in ihrem Computergeschäft ausgemacht?
　— Ja, _____ .
5) Hat Gustav seinen Koffer ausgepackt?
　— Ja, _____ .
6) Hast du die Tür zur Wohnung geschlossen?
　— Ja, _____ .
7) Hat der Zahnarzt deinen Termin auf den Donnerstag verschoben?
　— Ja, _____ .

3 次の文章を音読しましょう。

1) Achtung bitte! Alle Passagiere, gebucht auf German-Airlines, Flug GAW 315 nach Osaka, werden zum Flugsteig B45 gebeten.

2) Achtung bitte! Dies ist der letzte Aufruf für den German-Airlines-Flug GAW 315 nach Osaka. Alle Passagiere werden gebeten, sich umgehend zum Flugsteig A13 zu begeben.

3) Achtung bitte! Herr Matthias Grünberger, bitte kommen Sie zum Informations-schalter in der Ankunftshalle C.

4) Meine Damen und Herren, im Namen der Deutschen Bahn begrüßen wir Sie herzlich im Intercity-Express nach Hamburg. Wir wünschen Ihnen eine angenehme Fahrt.

5) Meine Damen und Herren, in wenigen Minuten erreichen wir Nürnberg Hauptbahnhof. Dort haben Sie Anschluss an den Regional-Express nach Regensburg, Abfahrtszeit 10.48 Uhr, von Gleis 6A. Wir verabschieden uns von allen Fahrgästen, die in Nürnberg aus- oder umsteigen. Wir wünschen Ihnen noch einen angenehmen Tag.

6) Achtung, eine Durchsage: Der Intercity-Express aus Leipzig zur Weiterfahrt nach Hamburg, Abfahrtszeit 11.42 Uhr, fährt heute von Gleis 6 ab. Ich wiederhole: Der Intercity-Express aus Leipzig zur Weiterfahrt nach Hamburg, Abfahrtszeit 11.42 Uhr, fährt heute von Gleis 6 ab.

7) Und nun die Wettervorhersage für Dienstag, den 10. März. Am Morgen ist es im Norden und im Nordwesten neblig. Im übrigen Bayern ist es wolkig. Am Nachmittag ist es gebietsweise sonnig. Die Temperaturen liegen am Tag bei 10 Grad und in der Nacht bei 3 Grad.

Lektion 12　様々な従属節

基本編

1 副詞的従属節

副詞的従属接続詞を伴う従属節は主節と結びついて、主節が表す内容の状況を規定します。従属節では定形が末尾に置かれます。主節と従属節はコンマで区切ります。

副詞的従属接続詞

時間関係	als（〜のとき）　bevor（〜の前に）　bis（〜まで）　nachdem（〜の後で）　während（〜の間）
論理関係	da（〜なので）　damit（〜するため）　obwohl（〜にもかかわらず）　sodass（〜ということになる） weil（〜なので）　wenn（〜なら）
様態	wie（〜のように）

(1) Ich kaufte viele Bücher, **als** ich Student **war**.

　　私は大学生だったとき、たくさんの本を買った。

(2) Stephan muss jeden Morgen um 5 Uhr aufstehen, **wenn** sein Praktikum **anfängt**.

　　シュテファンはインターンが始まれば毎朝5時に起きなければならない。

　　分離動詞が従属節の定形になるときは一語で書きます。

(3) Beatrix ging nach Italien, **nachdem** sie zwei Jahre in Deutschland **studiert hatte**.

　　ベアトリクスはドイツで2年間大学に通った後、イタリアへ行った。

　　助動詞が定形になる場合も従属節では末尾に置かれます。

(4) **Weil** es heute am Vormittag **regnete**, blieb ich bis 14 Uhr zu Hause.

　　今日は午前中雨が降っていたので私は14時まで家に留まった。

　　従属節が文頭に置かれる場合、主節の主語は定形の後に置かれます。

> **Tipp!**
> 従属節が文頭に置かれる場合、従属節は文頭の要素として数えられます。

ドリル 1 （　　　　　）内の文を従属節に書き換えて空欄に入れ、文を完成させましょう。日本語に訳しましょう。

　　1) Herr Kaufmann kaufte am Kiosk eine Zeitung, bevor _____.
　　　（Er ging ins Restaurant.）

　　2) Unsere Großmutter hat uns meistens geholfen, als _____.
　　　（Wir hatten Probleme.）

　　3) Willi hat seine Freunde nach Hause eingeladen, obwohl _____.
　　　（Er war müde.）

4) Brigitte möchte vier Wochen in Polen bleiben, damit _____.
   (Sie kann dort viele Sehenswürdigkeiten sehen.)

5) Am Samstag hatte ich keine Zeit, sodass _____.
   (Ich konnte die Ausstellung nicht besuchen.)

▶211
CD3▶28 **② 名詞的従属接続詞 dass**

dass は名詞的従属接続詞です。これを伴う従属節は主節の主語・目的語として働きます。主節と名詞的従属節はコンマで区切り、定形を従属節の末尾に置きます。

(1) Luise hat gesagt, **dass** sie auch an Feiertagen **arbeitet**.
   ルイーゼは、祝日にも仕事をしていると言った。

(2) Herr Schneider wusste, **dass** ich meinen Computer **mitnahm**.
   シュナイダーさんは私が自分のコンピュータを持っていったことを知っていた。

   分離動詞が従属節の定動詞になるときは一語で書きます。

(3) **Dass** wir ein gutes Zeugnis **bekommen haben**, **weiß** auch Herr Gärtner.
   私たちが良い成績を得たことをゲルトナーさんも知っている。

   従属節が文頭に置かれる場合、主節の主語は定動詞の後に置かれます。

(4) **Dass** das Museum am Donnerstag **geschlossen ist**, ist bekannt.
   博物館が木曜休館であることは知られている。

   従属節が主文の主語になることもあります。

▶212
CD3▶29 **ドリル②** ( ) 内の文を従属節に書き換えて Frau Guthofer sagt, dass ... に続け、文を完成させましょう。日本語に訳しましょう。

1) Frau Guthofer sagt, dass _____.
   (Sie fährt im Urlaub an die Nordsee.)

2) Frau Guthofer sagt, dass _____.
   (Sie hat letztes Jahr eine Schiffsreise gemacht.)

3) Frau Guthofer sagt, dass _____.
   (Sie hat ein dickes Buch gelesen.)

4) Frau Guthofer sagt, dass _____.
   (Sie kennt ein gutes griechisches Restaurant.)

5) Frau Guthofer sagt, dass _____.
   (Sie hat gestern im Schwimmbad Herrn Förster getroffen.)

6) Frau Guthofer sagt, dass _____.
   (Sie joggt morgens.)

Tipp!
従属節が主節の主語になる場合、主節では主語にあたる語を使いません。

❸ 間接疑問文

疑問文を従属節に書き換えると**間接疑問文**を作ることができます。

(1) **間接疑問文** Ich weiß nicht, **wo** der Schlüssel ist.

　　　　　　私は鍵がどこか知りません。

　　基の疑問文 Wo ist der Schlüssel?

　　　　　　鍵はどこですか？

　　　　　　補足疑問文から間接疑問文を作るときには疑問詞を従属接続詞のように使います。

(2) **間接疑問文** Frau Gerber fragt, **ob** sie im Büro rauchen darf.

　　　　　　ゲルバーさんはオフィスで煙草を吸ってよいか尋ねます。

　　基の疑問文 Darf ich im Büro rauchen?

　　　　　　オフィスで煙草を吸っていいですか？

　　　　　　決定疑問文から間接疑問文を作るときは従属接続詞として ob を使います。

Tipp!

「間接疑問文」と言っても、疑問符では終わりません。

ドリル ❸ （　　　　　　）内の文を従属節に書き換えて **Sabine fragt mich, ...** に続け、文を完成させましょう。日本語に訳しましょう。

1) Sabine fragt mich, _____.

　 (Woher kommt Richard?)

2) Sabine fragt mich, _____.

　 (Siehst du gern fern?)

3) Sabine fragt mich, _____.

　 (Kann ich eine Platzkarte bekommen?)

4) Sabine fragt mich, _____.

　 (Wann kommst du zurück?)

5) Sabine fragt mich, _____.

　 (Hast du Kaffee bestellt?)

6) Sabine fragt mich, _____.

　 (Was hast du mit den anderen Studenten gemacht?)

4 先行する要素を説明する従属節

従属節は、主節代名詞 es、または da(r)- と前置詞の融合形（➡ Lektion 6）の内容を説明することがあります。

(1) **Es** ist komisch, dass der Zug nach Linz noch nicht kommt.

リンツ行きの列車がまだ来ないのはおかしい。

従属節が es の内容を説明しています。

(2) Matthias freut sich **darüber**, dass er eine neue Wohnung bekommt.

マティアスは新しい部屋が手に入ることを喜んでいます。

従属節が darüber の内容を説明しています。

Tipp!

従属節が説明するのは es だけではありません。

ドリル ❹ （　　　　）内の文を従属節に書き換えて空欄に入れ、文を完成させましょう。日本語に訳しましょう。

1) Es ist gut, dass _____.
   (Herr Popper hat auf mich gewartet.)

2) Es wird gesagt, dass _____.
   (Nicht mehr so viele Menschen sind arbeitslos.)

3) Es steht in der Zeitung, dass _____.
   (Eine neue Bibliothek wird bald gebaut.)

4) Ich finde es komisch, dass _____.
   (Ich kann dieses Wort in meinem Wörterbuch nicht finden.)

5) Ich erinnere mich daran, dass _____.
   (Heini hat mir damals nie geschrieben.)

6) Ich danke Ihnen dafür, dass _____.
   (Sie haben mir manchmal Ihr Fahrrad geliehen.)

重要な単語	時間に関わる単語				
der Abend	(	)	morgen früh	(	)
damals	(	)	die Nacht	(	)
früh	(	)	sofort	(	)
gestern	(	)	täglich	(	)
gleich	(	)	übermorgen	(	)
immer	(	)	vorgestern	(	)
das Jahr	(	)	vorher	(	)
lange	(	)	der Vormittag	(	)
der Monat	(	)	vormittags	(	)
der Morgen	(	)	die Woche	(	)

応用編

従属節を含む相関表現

je 比較級 + desto 比較級構文：形容詞・副詞の比較級を伴い、主節の内容と従属節の内容が相関することを表します。従属節が先に置かれます。

(1) **Je größer** ein Auto ist, **desto mehr Benzin** braucht es.

　　自動車は大きいほどガソリンを多く必要とする。

so ..., dass ... 構文：形容詞・副詞の原級を伴い、従属節が主節の内容の結果を表します。従属節が後に置かれます。

(2) Das Mittagessen war **so** reichhaltig, **dass** ich auch am Abend nichts essen konnte.

　　昼食が充実していたので、私は晩になっても何も食べられなかった。

(3) Im Bus war es **so** laut, **dass** ich darin mit meinem Vater nicht sprechen konnte.

　　バスの中は騒音が大きく、私は車内で父と話せなかった。

▶219
CD3▶36　**1**　（　　　　）内の語を並べ替え、文を完成させましょう。

1) Wir müssen mit Volker über sein Studium sprechen, _____.
(wenn / wieder / er / ist / zu Hause)

2) Paula hat viele Fotos gemacht, _____.
(als / in Paris / letzten Sommer / war / sie)

3) _____, damit ich morgen früh aufstehen kann.
(ich / will / gehen / ins Bett / schon)

4) Bevor der Unterricht anfängt, _____.
(ich / Kaffee / trinken / möchte)

5) Ich muss schnell nach Hause, _____.
(weil / habe / ich / vergessen / auszumachen / den Fernseher)

6) _____, habe ich im Kino einen Film gesehen.
(während / waren / die Studenten / im Museum)

7) Mein Auto war kaputt, _____.
(sodass / mit dem Bus / zur Arbeit / musste / ich / fahren)

8) _____, stand in der Zeitung.
(dass / eine Autobahn an diesem Fluss / wird / gebaut)

9) Wir sind im Park geblieben, _____.
(bis / dunkel / es / wurde)

10) _____, ist nicht klar.
(ob / die Wahl / Albert Huber / gewinnt)

▶220
CD3▶37　**2**　（　　　　）内の語を並べ替え、文を完成させましょう。

1) Wir danken Ihnen dafür, _____.
(dass / Sie / haben / geholfen / uns in der Küche)

2) Wir interessieren uns dafür, _____.
(wann / wir / können / reservieren / die Flüge nach Amerika)

3) Ute hat sich dafür entschuldigt, _____.
(dass / sie / kann / nicht kommen / am Freitag)

4) _____, weiß ich nicht.
(ob / man / muss / sich vorher / anmelden / für den Deutschkurs)

5) Finden Sie es in Ordnung, _____?
(dass / Züge / haben / Verspätung / immer)

6) _____, ob die Stadt ein neues Krankenhaus bekommt?
(Sie / etwas darüber / haben / gelesen)

7) Man findet hier keine Information darüber, _____.

   (wann / ist / geöffnet / das Kunstmuseum)

8) _____, wie fleißig sie für die Prüfung gelernt hat.

   (Renate / gestern / hat uns / erzählt / davon)

9) _____, dass man nicht so lange arbeiten darf!

   (Sie / bitte / daran / sich / erinnern)

10) _____, wann wir nach Hause fahren.

   (es / ab / vom Wetter / hängt)

▶ 221
CD3 ▶ 38 **3** 次の会話文を音読し、日本語に訳しましょう。

A：Apotheker   B：Dr. Busch   D：Dora

D： Guten Tag!

A： Guten Tag! Kann ich Ihnen helfen?

D： Ja, bitte! Ich habe Schnupfen. Gibt es hier in der Nähe eine Arztpraxis?

A： Dann gehen Sie zu Dr. Busch! Er ist Allgemeinarzt. Seine Praxis liegt von hier aus nur zwei Häuser weiter.

D： Danke schön!

B： Guten Tag. Was kann ich für Sie tun?

D： Guten Tag, Herr Doktor! Seit vorgestern geht es mir nicht gut. Ich habe Schnupfen.

B： Schauen wir mal. Machen Sie bitte Ihren Mund auf! Haben Sie Fieber?

D： Als ich vorhin gemessen habe, waren es 37,8 Grad. Habe ich eine Erkältung? Viele Kollegen in meinem Büro haben sich erkältet. Es kann aber auch eine Allergie sein. In diesem Monat habe ich jedes Jahr Schnupfen.

B： Das kann schon sein. Aber Sie haben etwas Fieber. Ich stelle Ihnen ein Rezept aus. Wenn Sie es bei einer Apotheke abgeben, bekommen Sie Tabletten.

A： Soll ich diese Woche zu Hause bleiben?

B： Ja, am besten bleiben Sie einige Tage zu Hause und ruhen Sie sich aus! Soll ich eine Krankmeldung schreiben?

D： Ja, das brauche ich. Bitte schreiben Sie, dass ich mich etwas ausruhen soll!

B： Gut. Das mache ich gleich. Dann, gute Besserung!

D： Danke, Herr Doktor! Auf Wiedersehen!

B： Auf Wiedersehen!

4 次の表札からどのような内容が読み取れるか説明しましょう。

Dr. med. Franz Wirth
Augenarzt

Mo-Do 8-12
Fr 8-13
Tel. 4 87 95

Gemeinschaftspraxis

Helmut Römer Dr. med.
Rolf Stein Dr. med.
Fachärzte für Kinder- und Jugendmedizin
Nur Privatkassen
Theresienstr. 35
Tel. 98 75 67

Dr. Manfred Büscher
Zahnarztpraxis

Mo 14.00-17.00 Uhr
Di 8.00-12.15 u. 14.00-17.00 Uhr
Mi 8.00-12.15 u. 15.00-18.30 Uhr
Do 8.00-14.00 Uhr
Fr 9.00-13.00 Uhr

Lektion 13　関係代名詞

▶ 222
CD3 ▶ 39

 1格の関係代名詞

関係代名詞は名詞を介して文と従属節（**関係代名詞節**）を結びつけます。主節にある**先行詞**となる要素と同じ性・数の関係代名詞を関係代名詞節のはじめに置きます。関係代名詞節では定形は末尾に置きます。主節と関係代名詞節はコンマで区切りましょう。

単数			複数
男性	女性	中性	
der	die	das	die

関係代名詞の形は定冠詞の形に準じます。

(1A) 主節の基の文　Die Studentin geht jetzt zum Flughafen.
その女子大学生は今から空港に行きます。

関係代名詞節の基の文　Die Studentin fliegt nach Deutschland.
その女子大学生はドイツに飛行機で行きます。

主文の先行詞と共通する要素を関係代名詞に替えます。

(1B) Die Studentin, die nach Deutschland fliegt, geht jetzt zum Flughafen.
そのドイツに飛行機で行く女子大学生は今から空港に行きます。

(2A) 主節の基の文　Die Studentin hat gestern ihr Flugticket gekauft.
その女子大学生は昨日、飛行機のチケットを買いました。

関係代名詞節の基の文　Die Studentin ist heute noch einmal gekommen.
その女子大学生は今日、もう一度来ました。

(2B) Die Studentin, die heute noch einmal gekommen ist, hat gestern ihr Flugticket gekauft. その、今日もう一度来た女子大学生は昨日、飛行機のチケットを買いました。
関係代名詞は通常、先行詞の直後に置きます。

▶ 223
CD3 ▶ 40

ドリル ❶ （　　　　　　）内の文を関係代名詞節に書き換えて空欄に入れ、文を完成させましょう。日本語に訳しましょう。

1) Das braune Auto, _____ , gehört meinem Vater.
   (Das Auto steht vor meinem Haus.)

2) Die Waschmaschine, _____ , ist kaputt.
   (Die Waschmaschine steht im Keller.)

3) Die Familie, _____ , kommt aus Russland.
   (Die Familie wohnt hier im 2. Stock.)

4) Der Herr, _____ , ist Lehrer.
   (Der Herr hat mir Trinkgeld gegeben.)

5) Die chinesische Studentin, _____ ,
   hat uns letzte Woche besucht.
   (Die chinesische Studentin lebte früher in diesem Dorf.)

6) Der Wein, _____ , war sehr teuer.
   (Der Wein wurde uns heute geliefert.)

Tipp! 1格の関係代名詞は主語が共通する二つの文を結びつけます。

▶224
CD3▶41 **②** 3格・4格の関係代名詞

関係代名詞が関係代名詞節の目的語になる場合、その役割に応じて3格か4格になります。関係代名詞は格に関わらず関係代名詞節の先頭に置きます。

	男性	女性	中性	複数
1格	der	die	das	die
3格	dem	der	dem	denen
4格	den	die	das	die

複数3格の関係代名詞は定冠詞と形が異なります。

(1A) 主節の基の文 Ich möchte dem Gast helfen.　　　　私はそのお客さんを手伝いたい。

　　 関係代名詞節の基の文 Der Gast sucht das Kunstmuseum.　　お客さんは美術館を探している。

(1B) Ich möchte dem Gast, der das Kunstmuseum sucht, helfen.

私は美術館を探しているお客さんを手伝いたい。

関係代名詞の格は基の文での格と同じです。

(2A) 主節の基の文 Wir nehmen den Zug.　　　　　　私たちはその列車に乗る。

　　 関係代名詞節の基の文 Der Zug fährt um 13.00 Uhr nach Dresden ab.

その列車は13時にドレスデンへ発車する。

(2B) Wir nehmen den Zug, der um 13.00 Uhr nach Dresden abfährt.

私たちは13時にドレスデンへ発車する列車に乗る。

Tipp! 関係代名詞の格は、それにあたる要素が主節で持つ役割とは関係ありません。

▶225
CD3▶42 ドリル**❷** (　　　　　) 内の文を関係代名詞節に書き換えて空欄に入れ、文を完成させましょう。日本語に訳しましょう。

1) Die Reiseführerin, _____ , arbeitet nur in der Urlaubszeit.
   (Die Touristen hören dort der Reiseführerin zu.)

2) Der Arzt, _____ , studierte in Leipzig.
   (Wir haben dem Arzt unsere Dokumente geschickt.)

3) Der Rentner, _____ , war sympathisch.
   (Ich habe dem Rentner die Speisekarte gegeben.)

4) Die alte Frau, _____ , ist unsere Nachbarin.
   (Meine Kinder grüßen die alte Frau.)

5) Der Taxifahrer, _____ , dankte uns für die Hilfe.
   (Wir brachten ihn zum Bahnhof.)

6) Christinas Buch, _____ , wird noch einmal gedruckt.
   (Ich habe das Buch schon durchgelesen.)

▶ 226
CD3 ▶ 43 ❸ 前置詞を伴う関係代名詞・関係副詞

前置詞を伴う要素は前置詞を伴う関係代名詞で置き換えられます。また、**関係副詞** wo を使うこともあります。

(1A) **主節の基の文** Mein Bruder arbeitet im Bahnhofscafé.
　　　　　　　　私の弟は駅の喫茶店で働いている。

　　　関係代名詞節の基の文 Ich habe auch früher im Bahnhofscafé gearbeitet.
　　　　　　　　私も以前、駅の喫茶店で働いていた。

(1B) Mein Bruder arbeitet im Bahnhofscafé, in dem auch ich früher gearbeitet habe.
　　　　　　　　　　　　　　　　　前置詞は関係代名詞の前に置きます。

　　　　　　　　　　　　　　wo auch ich früher gearbeitet habe.

私の弟は私も以前、働いていた駅の喫茶店で働いている。

(2A) **主節の基の文** Das ist der neue Bahnhof.
　　　　　　　　これが新しい駅です。

　　　関係代名詞節の基の文 Es gibt am neuen Bahnhof zwei Supermärkte.
　　　　　　　　新しい駅には二つスーパーマーケットがあります。

(2B) Das ist der neue Bahnhof, an dem es zwei Supermärkte gibt.
　　　　　　　　　　　　wo es zwei Supermärkte gibt.

これが二つスーパーマーケットがある新しい駅です。

Tipp! 前置詞の格支配に注意しましょう。

▶ 227
CD3 ▶ 44 ドリル ❸ (　　　　) 内の文を関係代名詞節に書き換えて空欄に入れ、文を完成させましょう。日本語に訳しましょう。

1) Die Straße, _____ , heißt Keplerstraße.
   (Kepler hat in der Keplerstraße gelebt.)

2) Das ist der Strand, _____ .
   (Wir sind früher oft an den Strand gefahren.)

3) Die Studenten, _____ , haben die Ausstellung besucht.
   (Es gibt eine Ermäßigung für die Studenten.)

4) Wo ist der Ausgang, _____ ?
   (Man kann durch den Ausgang die Konzerthalle erreichen.)

5) Der Zug, _____ , hatte Verspätung.
(Unsere Gruppe wollte mit dem Zug nach Budapest fahren.)

6) Wir haben endlich den neuen Teppich bekommen, _____ .
(Wir haben uns so lange auf den neuen Teppich gefreut.)

▶ 228
CD3 ▶ 45 **④ 不定関係代名詞**

不定関係代名詞は通常、１格・４格の形で使われ、不特定の人・物を表す関係代名詞節を作ります。
関係代名詞節は主節の前に置くのが普通です。主節に先行詞がない場合が多くあります。

	人を表す	物を表す
1格	wer	was
4格	wen	was

Tipp!
通常の関係代名詞との違いに気をつけましょう。

(1) **Wer** gesund bleiben will, darf nicht rauchen.
健康なままでありたい人は喫煙してはいけません。

(2) **Was** Kerstin über Japan erzählt hat, war interessant.
ケルスティンが日本について話したことは興味深かった。

不定関係代名詞節全体が主語になることがあります。

(3) Ich habe **alles**, **was** in diesem Buch steht, gemacht.
私はこの本にあることはすべててやった。

was は alles, etwas, nichts を先行詞とする関係代名詞として使うことがあります。

▶ 229
CD3 ▶ 46 **ドリル ④** 空欄に適切な関係代名詞・不定関係代名詞を補って文を完成させましょう。日本語に訳しましょう。

1) _____ Alkohol getrunken hat, darf kein Auto fahren.

2) Menschen, _____ Sport machen, sollen genug Wasser trinken.

3) Theo isst nichts, _____ ich für ihn auf dem Markt kaufe.

4) _____ spät aufsteht, kann nicht früh einschlafen.

5) Meine Schwester hat die E-Mails, _____ ich an sie schrieb, nicht gelesen.

6) Dieses Museum, _____ 1954 gebaut wurde, ist berühmt.

○ 重要な単語	地理			
die Bank	( )	der Norden	(	)
der Berg	( )	die Nordsee	(	)
die Brücke	( )	der Platz	(	)
das Dorf	( )	die S-Bahn	(	)
draußen	( )	die Stadtmitte	(	)
der Fluss	( )	steigen	(	)
das Haus	( )	der Strand	(	)
die Landschaft	( )	das Studentenwohnheim	(	)
das Meer	( )	der Wald	(	)
die Nähe	( )	die Welt	(	)

応用編

2格の関係代名詞

2格の関係代名詞は使い方が1格・3格・4格の関係代名詞とやや異なり、修飾する名詞を伴うのが普通です。

単数			複数
男性	女性	中性	
dessen	deren	dessen	deren

(1A) **主節の基の文** Ich habe dieses Buch gelesen.
私はこの本を読んだ。

関係代名詞節の基の文 Der Autor dieses Buches ist so berühmt.
この本の著者はとても有名です。

(1B) Ich habe dieses Buch, dessen Autor so berühmt ist, gelesen.
私は著者がとても有名なこの本を読んだ。

(2A) **主節の基の文** Ich kenne eine Ärztin.
私はある女性医師を知っている。

関係代名詞節の基の文 Ihr Mann ist Pianist.
彼女の夫はピアニストだ。

(2B) Ich kenne eine Ärztin, deren Mann Pianist ist.
私は夫がピアニストをしている、ある女性医師を知っている。

2格の関係代名詞は所有冠詞を置き換えることもあります。

1 （　　　　　）内の語を並べ替えて空欄に入れ、文を完成させましょう。

▶232
CD3▶49

1) Diese Firma gehört einer Familie, _____.
   (die / großen / wohnt / Haus / in diesem)

2) Wo ist der Verkäufer, _____?
   (der / diesen / hat / mir / empfohlen / Anzug)

3) Haben Sie den Mann gesehen, _____?
   (der / geholfen / meinem Mitarbeiter / hat)

4) Ich habe damals zusammen mit einer amerikanischen Studentin gearbeitet,

   _____.

   (die / Studentenwohnheim / gewohnt hat / in der Mozartstraße / im)

5) Im Süden der Stadt gibt es Wälder, _____.
   (die / sind / eines Nationalparks / ein Teil)

6) Rechts von der Tür sehen Sie den Ausstellungsraum, _____.
   (der / ist / letzte / renoviert worden / Woche)

2 （　　　　　）内の語を並べ替えて空欄に入れ、文を完成させましょう。

▶233
CD3▶50

1) Ich liebe diese schöne Landschaft, _____.
   (die / auf der Welt / sonst nirgendwo / man / findet)

2) Wie kann man Sachen umtauschen, _____?
   (die / im Internet / man / hat / gekauft)

3) Gehen Sie die Straße geradeaus, _____!
   (die / sehen / hier / Sie)

4) Meine Schwester wartet auf das Paket, _____.
   (das / ihr unsere Eltern / aus der Türkei / haben / geschickt)

5) Deine Mutter, _____, hat heute angerufen.
   (der / zum Geburtstag / wir / haben / geschrieben / eine Karte)

6) Der Professor, _____, hat mir geschrieben,
   dass er mich besuchen möchte.
   (dem / haben / gefallen / meine Bilder)

7) Herr Raab konnte nicht glauben, _____.
   (was / gesagt / Leo ihm / hat)

8) Für alles, _____, gibt es eine Garantie für drei Jahre.
   (was / haben / Sie / gekauft)

3 （　　　）内の語を並べ替えて空欄に入れ、文を完成させましょう。

1) Franziska und Guido gehen in die Bank, _____.
   (der / sie / haben / ein Konto / bei)

2) Die Fußballmannschaft, _____, kommt aus England.
   (die / wir / spielen / gegen / heute)

3) Wir fahren im Urlaub in eine Stadt, _____.
   (der / es / gibt / in / ein berühmtes Museum)

4) Den Musiker, _____, kennt jeder in Europa.
   (den / Roland / ein Lied / für / hat / geschrieben)

5) Ich habe meine Kreditkarte vergessen, _____.
   (der / ich / immer / habe / mit / bezahlt)

6) Den Schalter, _____, sehen Sie dort rechts von der Treppe.
   (dem / Sie / ein neues Ticket / an / bekommen können)

7) Die Brücke, _____, ist die längste in Europa.
   (die / wir / sind / gekommen / auf diese Insel / über)

4 次の文章を音読しましょう。

Hausordnung des Studentenwohnheims „Haus Römerstraße"

1) Die Ruhe darf nicht gestört werden. Benutzen Sie Radio- und Fernsehgeräte in Zimmerlautstärke und bei geschlossenen Fenstern. Schließen Sie Türen leise.

2) Ab 22.00 Uhr bis 6.00 Uhr muss absolute Ruhe gehalten werden.

3) Übernachtungen von Gästen sind gestattet, wenn diese bei der Hausverwaltung angemeldet sind.

4) Tiere dürfen im Haus nicht gehalten werden.

5) Das Abstellen von Fahrrädern ist nur an den Fahrradständern erlaubt. Fahrräder, deren Besitzer z.B. durch Aufkleber mit Namen nicht deutlich erkennbar sind, werden entfernt.

6) Auf dem Flur dürfen keine Möbel abgestellt werden.

7) Alle Kochgeräte müssen sofort abgeschaltet werden, nachdem sie benutzt worden sind. Es ist verboten, während des Kochens die Küche zu verlassen.

8) Abfall, Glas, Aluminium usw. dürfen nur in die hierzu bestimmten Tonnen geleert werden. Insbesondere müssen Papier und Biomüll in den Behältern, die im Hof stehen, entsorgt werden.

9) Im Zimmer und auf dem Flur darf Wäsche weder gewaschen noch getrocknet werden.

---

5 次の文を音読し、内容が の文章と合致する場合は r を、合致しない場合は f を選びなさい。

1) Im „Haus Römerstraße" müssen die Bewohner einigen Regeln folgen.　　　[r / f]

2) Sie dürfen nachts nach 22 Uhr keine Partys machen.　　　[r / f]

3) Sie dürfen zusammen mit Hunden oder Katzen leben.　　　[r / f]

4) Sie dürfen ihre Fahrräder grundsätzlich im „Haus Römerstraße" abstellen. [r / f]

5) Sie müssen ihren Namen auf ihren Fahrrädern angeben.　　　[r / f]

6) Sie müssen den Müll trennen.　　　[r / f]

7) Sie können die Waschmaschinen auf dem Flur benutzen.　　　[r / f]

基本編

▶237
CD3▶54

① 接続法 I 式・接続法 II 式

接続法 I 式と接続法 II 式は引用や非現実の表現に使われる動詞の定形です。

接続法 I 式の人称変化

接続法 I 式は動詞の語幹を基に作ります。

		不定詞	machen	sehen	haben	sein	werden	können
単数	1人称	ich	mache	sehe	habe	sei	werde	könne
	2人称	du	machest	sehest	habest	seist	werdest	könnest
	3人称	er/sie/es	mache	sehe	habe	sei	werde	könne
	敬称2人称	Sie	machen	sehen	haben	seien	werden	können
複数	1人称	wir	machen	sehen	haben	seien	werden	können
	2人称	ihr	machet	sehet	habet	seiet	werdet	könnet
	3人称	sie	machen	sehen	haben	seien	werden	können
	敬称2人称	Sie	machen	sehen	haben	seien	werden	können

動詞 sein と話法の助動詞は変化が特殊です。

▶238
CD3▶55

接続法 II 式の人称変化

接続法 II 式は動詞の過去基本形を基に作ります。一部特殊な変化になる動詞があります。

	不定詞		machen	sehen	haben	sein	werden	können
	過去基本形		machte	sah	hatte	war	wurde	konnte
単数	1人称	ich	machte	sähe	hätte	wäre	würde	könnte
	2人称	du	machtest	sähest	hättest	wärest	würdest	könntest
	3人称	er/sie/es	machte	sähe	hätte	wäre	würde	könnte
	敬称2人称	Sie	machten	sähen	hätten	wären	würden	könnten
複数	1人称	wir	machten	sähen	hätten	wären	würden	könnten
	2人称	ihr	machtet	sähet	hättet	wäret	würdet	könntet
	3人称	sie	machten	sähen	hätten	wären	würden	könnten
	敬称2人称	Sie	machten	sähen	hätten	wären	würden	könnten

規則動詞は過去形と区別がつきません。

不規則動詞では語幹の a, o, u が変音することが多くあります。

Tipp!

重要な不規則動詞の接続法 II 式の形は「重要な不規則動詞の語形変化」（**117** ページ）で確認しましょう。

▶239
CD3▶56

würde + 不定詞を使った接続法Ⅱ式の言い換え

規則動詞の接続法Ⅱ式は過去形との形の上での違いがありません。そのため、未来形に基づく würde + 不定詞の形で代用することが多くあります。würde + 不定詞の形は不規則動詞にも使うことができます。

		不定詞	machine		sehen	
			接続法Ⅱ式	würde+ 不定詞による代用	接続法Ⅱ式	würde+ 不定詞による代用
単数	1人称	ich	machte	würde machen	sähe	würde sehen
	2人称	du	machtest	würdest machen	sähest	würdest sehen
	3人称	er/sie/es	machte	würde machen	sähe	würde sehen
	敬称2人称	Sie	machten	würden machen	sähen	würden sehen
複数	1人称	wir	machten	würden machen	sähen	würden sehen
	2人称	ihr	machtet	würdet machen	sähet	würdet sehen
	3人称	sie	machten	würden machen	sähen	würden sehen
	敬称2人称	Sie	machten	würden machen	sähen	würden sehen

Tipp! 接続法Ⅰ式は現在形、接続法Ⅱ式は過去形との違いに注意しましょう。

▶240
CD3▶57

ドリル❶ 上の説明を参考に、次の動詞を接続法Ⅰ式・接続法Ⅱ式で人称変化させましょう。

▶241
CD3▶58

essen　　fallen　　kommen　　schlafen　　untersuchen　　müssen

▶242
CD3▶59

❷　接続法を使った引用文

接続法Ⅰ式と接続法Ⅱ式は引用表現で使うことができます。

⑴ **基の表現** Der Student: „Dort ist meine Universität.“　その大学生「あそこが私の大学です」

　　引用表現 → Der Student sagt, dass dort seine Universität sei.

　　　　　　　　Der Student sagt, dass dort seine Universität wäre.

　　　　　その大学生はあそこが彼の大学だと言う。

　　　　　引用表現では人称に気をつけましょう。

Tipp! 接続法Ⅰ式では現在形と区別がつかない場合、接続法Ⅱ式を使います。
接続法Ⅱ式では過去形と区別がつかない場合、würde + 不定詞を使います。

▶243
CD3▶60

ドリル❷ （　　　　）内の文を接続法Ⅰ式・接続法Ⅱ式を使って空欄に入れ、間接的な引用の表現に書き換えましょう。

　　　1) Sebastian schreibt, dass _____.
　　　　（Er sieht jeden Morgen Nebel.）

　　　2) Sebastian schreibt, dass _____.
　　　　（Es schneit heute in Köln.）

3) Sebastian schreibt, dass _____.
   (Die Luft ist auf dem Berg kalt.)

4) Sebastian schreibt, dass _____.
   (Der Frühling kommt bald in Deutschland.)

5) Sebastian schreibt, dass _____.
   (Es gibt jetzt in der Schweiz Schnee.)

6) Sebastian schreibt, dass _____.
   (Er kauft eine Rose.)

▶ 244
CD3 ▶ 61 **❸ 接続法Ⅱ式を使った非現実の表現**

接続法Ⅱ式は引用表現だけでなく、現実ではないことがらを表す表現に使うこともできます。

(1) Wenn ich heute Zeit **hätte**, **käme** ich zur Party.
   今日時間があれば、パーティーに行くのですが。

   条件と帰結を表す表現でよく使われます。

(2) Wenn Roland jetzt einen Regenschirm **hätte**, **würde** er ihn Rosemarie **geben**.
   ローラントがいま傘を持っていれば、ローズマリーに渡すことでしょう。

   würde + 不定詞を使った表現もよく使われます。

(3) Ich **wäre** in dieser kalten Wohnung fast krank **geworden**.
   私はこの寒い部屋で病気になるところだった。

   過去の現実でないことがらを表す場合、完了形の助動詞を接続法Ⅱ式にします。

(4) Es ist jetzt so warm, **als ob** es wieder Sommer **wäre**.
   また夏になったかのように暖かい。

   現実でないありさまを表すために接続詞 als ob で導く従属節を使うことができます。

▶ 245
CD3 ▶ 62 **ドリル ❸** 次の文を日本語に訳し、含まれる動詞の不定詞をすべて挙げなさい。

1) Wenn ich nächste Woche die Prüfung wiederholen könnte, würde ich bessere Noten bekommen.

2) Ich wäre heute gekommen, wenn mein Zug keine Verspätung gehabt hätte.

3) Herr Klose spricht so leise, als ob er schwer krank wäre.

4) Wir hätten für Petra Blumen mitbringen sollen!

5) Hätten Sie Deutsch gelernt, wenn Sie in Österreich Urlaub gemacht hätten?

6) Ich hätte fast vergessen, dass ein Gewitter kommt.

Tipp!
表すことがらが現在なのか過去なのかに注意しましょう。

▶ 246
CD3 ▶ 63

❹ 接続法Ⅱ式を使った婉曲な表現

接続法Ⅱ式は婉曲に意見や希望・意向、依頼を伝えるときに使うこともできます。

(1) Dieser Deutschkurs **wäre** besser für mich.

こちらのドイツ語講座の方が私には良いでしょう。

強い意見表明を避けるために接続法Ⅱ式を使うことができます。

(2) Ich **hätte** gern ein Glas Mineralwasser.

ミネラルウォーターを1杯いただきたいのですが。

haben の接続法Ⅱ式と gern を組み合わせて婉曲に希望を表すことができます。

(3) Ich **würde** gern ein Taxi **bestellen**.　　　　　私はタクシーを頼みたいです。

(4) **Würden** Sie für mich bitte einkaufen **gehen**?　私の代わりに買い物に行っていただけますか？

würde + 不定詞を使った表現で婉曲な意向を表します。

▶ 247
CD3 ▶ 64

ドリル ❹ 次の文を日本語に訳し、内容に応じて接続法Ⅱ式を使った婉曲な表現に書き換えましょう。

1) Ich will eine Tasse Tee bestellen.

2) Deine Idee ist sicher nicht schlecht.

3) Kann ich morgen Urlaub haben?

4) Sagen Sie es auf Deutsch?

5) Es ist besser, wenn du gleich deinen Hund abholst.

Tipp!

接続法Ⅱ式には様々な用法があるので、文脈に注意しましょう。

▶ 248
CD3 ▶ 65

○ **重要な単語** 人体・健康			
die Allergie	( )	der Hals	( )
das Auge	( )	die Hand	( )
sich ausruhen	( )	der Hunger	( )
der Bauch	( )	der Kopf	( )
das Bein	( )	krank	( )
die Erkältung	( )	müde	( )
das Fieber	( )	der Mund	( )
der Fuß	( )	das Ohr	( )
gesund	( )	schlafen	( )
das Haar	( )	der Zahn	( )

▶ 249
CD3 ▶ 66 引用文の時制

接続法を使って過去の発言を基に引用表現を作る際は、時制に気をつけましょう。接続法Ⅰ式と接続法Ⅱ式は時間関係の上では意味的な違いがありません。

(1) Herr Hartmann sagte: „Dieser Winter **ist** warm.“

ハルトマンさんは言った：「この冬は暖冬だ」

→ Herr Hartmann sagte, dass dieser Winter warm **sei**.

Herr Hartmann sagte, dass dieser Winter warm **wäre**.

ハルトマンさんはこの冬は暖冬だと言った。

この例では、dieser が文自体が発せられる時間と同時ということになり、接続法Ⅰ式・接続法Ⅱ式をそのまま使うのが自然です。

(2) Herr Hartmann sagte: „Der letzte Winter **war** warm.“

ハルトマンさんは言った：「昨年の冬は暖冬だった」

→ Herr Hartmann sagte, dass der letzte Winter warm **gewesen sei**.

Herr Hartmann sagte, dass der letzte Winter warm **gewesen wäre**.

ハルトマンさんは昨年の冬は暖冬だったと言った。

発言より前のことがらには完了形の助動詞を接続法Ⅰ式・接続法Ⅱ式にして使います。

(3) Herr Hartmann sagte: „Der Winter **wird** warm **sein**.“

ハルトマンさんは言った：「この冬は暖冬だろう」

→ Herr Hartmann sagte, dass der Winter warm **sein werde**.

Herr Hartmann sagte, dass der Winter warm **sein würde**.

ハルトマンさんはこの冬は暖冬だろうと言った。

発言より後のことがらには未来形の助動詞を接続法Ⅰ式・接続法Ⅱ式にして使います。

1 接続法Ⅰ式またはⅡ式を使い（　　　　　）内の文を書き換えて下線部に入れ、引用表現を作りなさい。

1) Meine Mutter sagt, dass _____.
   („Die Straße draußen ist nass.")

2) In der Zeitung steht, dass _____.
   („Die Bauern warten auf Regen.")

3) Frau Grubmüller meint, dass _____.
   („Meine Tochter kann Auto fahren.")

4) Mein Bruder hat heute gesagt, dass _____.
   („Ich besuche euch morgen.")

5) Manuela hat mir gesagt, dass _____.
   („Ich habe gestern im Café einen schwarzen Hund gesehen.")

6) Günther hat uns geschrieben, dass _____.
   („Ich bin gut zu Hause angekommen.")

7) Wir haben gehört, dass _____.
   („Du warst letzte Woche krank.")

2 次の単語を並べ替え、非現実の表現を作りなさい。動詞は接続法にすること。コンマを補う場合に気をつけましょう。

1) ich / nehmen / würde / den Bus / bei Nebel / zur Arbeit

2) ich / buchen / würde / einen Flug nach Japan / sofort / an deiner Stelle

3) es / hätte / noch Zeit gegeben / gestern / eine Mail an Herrn Baumann zu schreiben

4) ich / mich / hätte dir geholfen / wenn du / angerufen / hättest

5) wenn meine Katze nicht krank geworden wäre / geblieben / zu Hause / ich nicht / wäre

6) ich hätte fast gedacht / ihr / heute keine Lust / dass / hättet / nach der Vorlesung / trinken zu gehen

7) so viele Menschen / waren / in der Stadt / als ob / gäbe / es jetzt ein Musikfest

3 次の単語を並べ替え、婉曲な要望の表現を作りなさい。動詞は接続法にすること。コンマを補う場合や疑問文の形になる場合に気をつけましょう。

1) ich / Brötchen / gern / hätte / zwei
2) mir / Sie / helfen / der Koffer / würden / beim Auspacken （疑問文の形で）
3) Sie / mir sagen / könnten / ist / wie viel Uhr / es （疑問文の形で）
4) ich / bestellen / würde / Rotwein
5) ich / sprechen / könnte / um 14 Uhr mit Herrn Bischof （疑問文の形で）
6) die Reise / meiner Meinung nach / wäre / mit der Bahn / günstiger
7) ich / gestern / gern länger / wäre / geblieben

 4 次の文章を音読しましょう。

Geglückte Notlandung

Am vergangenen Donnerstag ist ein Flugzeug nach einem Motorschaden auf einen Flugplatz in der Nähe von Bayreuth notgelandet.

Ein Flugzeug der Fluggesellschaft Franconia-Airlines flog am Donnerstag um 10.25 Uhr vom Flughafen Frankfurt am Main nach Prag ab. An Bord war neben dem Flugkapitän, der Co-Pilotin und einem Flugbegleiter eine Reisegruppe aus Wiesbaden, die ein Musikfest in Tschechien besuchen wollte.

Die Co-Pilotin merkte 30 Minuten nach dem Abflug, dass einer der Motoren nicht richtig funktionierte. Später sagte sie, dass er plötzlich zu stottern angefangen habe. Der Kapitän berichtete dem Flugsicherungszentrum sofort, dass es technische Probleme gegeben habe und die geplante Landung in Prag unmöglich geworden sei. Man entschied im Flugsicherungszentrum, eine Notlandung auf einen Flugplatz in der Nähe von Bayreuth zu organisieren, und alarmierte den Flugplatz.

Am Flugplatz bereiteten sich der Rettungsdienst und die Flugplatzfeuerwehr gemeinsam auf einen möglichen Einsatz vor. Das Flugzeug ist schließlich sicher gelandet. Das Rettungsteam musste deshalb nicht tätig werden. Der Leiter des Flugplatzes, Lutz Wiese, sagte, dass die Landung ohne Probleme verlaufen sei, und lobte den Kapitän. Frank Rotweiler, der Kapitän, erklärte nach der Landung, dass es die zweite Notlandung gewesen sei, die er gemacht habe.

Von den 32 Touristen aus Wiesbaden und der Besatzung des Flugzeugs wurde niemand verletzt. Die Touristen wurden nach der Landung noch am Donnerstag mit dem Bus nach Prag gebracht. Barbara Schenker, die zu der Reisegruppe gehörte, berichtete, dass die Touristen nichts gemerkt hätten und sich jetzt auf das Festspiel in Prag freuen würden. Das Verkehrsministerium teilte mit, dass es den Vorfall überprüfen werde.

5 次の文を音読し、内容が **4** の文章と合致する場合は r を、合致しない場合は f を選びなさい。

1) Ein Problem an einem Motor wurde ungefähr um 11 Uhr festgestellt.　　[r / f]

2) Die Co-Pilotin schlug eine Notlandung vor.　　[r / f]

3) Die Flugplatzfeuerwehr wollte die Passagiere des Flugzeugs retten.　　[r / f]

4) Der Pilot des Flugzeugs machte zum ersten Mal eine Notlandung.　　[r / f]

5) Es gab einige Verletze am Flugplatz.　　[r / f]

6) Die Passagiere des Flugzeugs haben am Flugplatz übernachtet.　　[r / f]

初出文法事項索引（基本編のみ）

重要な不規則動詞の語形変化 （教科書本文に含まれない動詞もあります）

不定詞 記載されていない分離動詞の変化形は基となる動詞の変化から補ってください。	注意が必要な現在形 再帰動詞として使う場合は再帰代名詞を補ってください。	過去基本形	接続法Ⅱ式 3人称単数の形。分離動詞は割愛します。	過去分詞 [s] sein 支配 [h/s] haben 支配と sein 支配両方の使いかたがあるもの。基本的用法のみ考慮しています。
ab|biegen 曲がる		**bog ab**	böge ab	**abgebogen** [s]
beginnen 始める、始まる		**begann**	begänne	**begonnen**
sich bewerben 応募する	du bewirbst er bewirbt	**bewarb**	bewürbe	**beworben**
bitten 頼む		**bat**	bäte	**gebeten**
bleiben 留まる		**blieb**	bliebe	**geblieben** [s]
brechen 折る	du brichst er bricht	**brach**	bräche	**gebrochen**
bringen 持ってくる		**brachte**	brächte	**gebracht**
mit|bringen 持参する		**brachte mit**		**mitgebracht**
denken 考える		**dachte**	dächte	**gedacht**
dürfen 〜してよい	ich darf du darfst er darf	**durfte**	dürfte	**dürfen / gedurft**
ein|laden 招待する	du lädst ein er lädt ein	**lud ein**	lüde ein	**eingeladen**
empfehlen 勧める	du empfiehlst er empfiehlt	**empfahl**	empfähle	**empfohlen**
entscheiden 決定する	du entschei-dest er entscheidet	**entschied**	entschiede	**entschieden**
essen 食べる	du isst er isst	**aß**	äße	**gegessen**
fahren （乗り物で）行く	du fährst er fährt	**fuhr**	führe	**gefahren** [s]
ab|fahren 出発する		**fuhr ab**		**abgefahren** [s]

不定詞	注意が必要な現在形	過去基本形	接続法 II 式	過去分詞
los|fahren 出発する		**fuhr los**		**losgefahren** [s]
fallen 落ちる	du fällst er fällt	**fiel**	fiele	**gefallen**
gefallen 〜の好みに合う	du gefällst er gefällt	**gefiel**	gefiele	**gefallen**
fangen 捕らえる	du fängst er fängt	**fing**	finge	**gefangen**
an|fangen 始める、始まる		**fing an**		**angefangen**
finden 見つける		**fand**	fände	**gefunden**
statt|finden 催される		**fand statt**		**stattgefunden**
fliegen 飛ぶ		**flog**	flöge	**geflogen** [s]
ab|fliegen 飛び始める		**flog ab**		**abgeflogen** [s]
geben 与える	du gibst er gibt	**gab**	gäbe	**gegeben**
ab|geben 提出する		**gab ab**		**abgegeben**
an|geben 申告する		**gab an**		**angegeben**
sich begeben 赴く	du begibst er begibt	**begab**	begäbe	**begeben**
gehen 行く		**ging**	ginge	**gegangen** [s]
geschehen 起こる	es geschieht	**geschah**	geschähe	**geschehen** [s]
haben 持っている	du hast er hat	**hatte**	hätte	**gehabt**
vor|haben 予定している		**hatte vor**		**vorgehabt**
halten 保つ	du hältst er hält	**hielt**	hielte	**gehalten**
sich unterhalten 歓談する	du unterhältst er unterhält	**unterhielt**	unterhielte	**unterhalten**
hängen 掛かっている（不規則）、 掛ける（規則）		**hing / hängte**	hinge	**gehangen / gehängt**

不定詞	注意が必要な現在形	過去基本形	接続法Ⅱ式	過去分詞
heißen 〜という名前である	du heißt er heißt	**hieß**	hieße	**geheißen**
helfen 手伝う	du hilfst er hilft	**half**	hälfe	**geholfen**
kennen 知っている		**kannte**	kennte	**gekannt**
kommen 来る		**kam**	käme	**gekommen** [s]
an|kommen 到着する		**kam an**		**angekommen** [s]
bekommen 受け取る		**bekam**	bekäme	**bekommen**
mit|kommen 一緒に来る		**kam mit**		**mitgekommen** [s]
zurück|kommen 戻って来る		**kam zurück**		**zurückgekommen** [s]
können 〜できる	ich kann du kannst er kann	**konnte**	könnte	**können / gekonnt**
lassen 〜させる、やめる	du lässt er lässt	**ließ**	ließe	**lassen / gelassen**
verlassen 去る	du verlässt er verlässt	**verließ**	verließe	**verlassen**
laufen 走る	du läufst er läuft	**lief**	liefe	**gelaufen** [s]
verlaufen 進行する		**verlief**	verliefe	**verlaufen** [s]
leihen 貸す、借りる		**lieh**	liehe	**geliehen**
lesen 読む	du liest er liest	**las**	läse	**gelesen**
durch|lesen 通読する		**las durch**		**durchgelesen**
vor|lesen 読み聞かせる		**las vor**		**vorgelesen**
liegen 横たわっている		**lag**	läge	**gelegen**
messen 測る	du misst er misst	**maß**	mäße	**gemessen**
mögen 〜でありうる、好む	ich mag du magst er mag	**mochte**	möchte	**mögen / gemocht**

不定詞	注意が必要な現在形	過去基本形	接続法Ⅱ式	過去分詞
müssen 〜しなくてはならない	ich muss du musst er muss	**musste**	müsste	**müssen / gemusst**
nehmen 取る	du nimmst er nimmt	**nahm**	nähme	**genommen**
mit|nehmen 持っていく		**nahm mit**		**mitgenommen**
teil|nehmen 参加する		**nahm teil**		**teilgenommen**
rufen 大声で言う		**rief**	riefe	**gerufen**
an|rufen 電話をかける		**rief an**		**angerufen**
scheinen 輝く		**schien**	schiene	**geschienen**
verschieben 延期する		**verschob**	verschöbe	**verschoben**
schlafen 眠っている	du schläfst er schläft	**schlief**	schließe	**geschlafen**
ein|schlafen 寝入る		**schlief ein**		**eingeschlafen** [s]
schlagen 叩く	du schlägst er schlägt	**schlug**	schlüge	**geschlagen**
vor|schlagen 提案する		**schlug vor**		**vorgeschlagen**
schließen 閉じる		**schloss**	schlösse	**geschlossen**
ab|schließen 鍵をかけて閉じる		**schloss ab**		**abgeschlossen**
schreiben 書く		**schrieb**	schriebe	**geschrieben**
unterschreiben 署名する		**unterschrieb**	unterschriebe	**unterschrieben**
schwimmen 泳ぐ		**schwamm**	schwämme	**geschwommen** [h/s]
sehen 見る	du siehst er sieht	**sah**	sähe	**gesehen**
fern|sehen テレビを見る		**sah fern**		**ferngesehen**
wieder|sehen 再会する		**sah wieder**		**wiedergesehen**

不定詞	注意が必要な現在形	過去基本形	接続法Ⅱ式	過去分詞
sein ～である	ich bin du bist er ist wir sind ihr seid sie sind	**war**	wäre	**gewesen** [s]
singen 歌う		**sang**	sänge	**gesungen**
sitzen 座っている		**saß**	säße	**gesessen**
sollen ～するべきだ		**sollte**	sollte	**sollen / gesollt**
sprechen 話す	du sprichst er spricht	**sprach**	spräche	**gesprochen**
aus|sprechen 発音する		**sprach aus**		**ausgesprochen**
versprechen 約束する	du versprichst er verspricht	**versprach**	verspräche	**versprochen**
stehen 立っている		**stand**	stände, stünde	**gestanden**
auf|stehen 起きる		**stand auf**		**aufgestanden** [s]
verstehen 理解する		**verstand**	verstände, verstünde	**verstanden**
stehlen 盗む	du stiehlst er stielt	**stahl**	stähle	**gestohlen**
steigen 登る		**stieg**	stiege	**gestiegen** [s]
aus|steigen 降りる		**stieg aus**		**ausgestiegen** [s]
ein|steigen 乗り込む		**stieg ein**		**eingestiegen** [s]
um|steigen 乗り換える		**stieg um**		**umgestiegen** [s]
sterben 死ぬ	du stirbst er stirbt	**starb**	stürbe	**gestorben** [s]
(sich) streiten 争う		**stritt**	stritte	**gestritten**
tragen 運ぶ	du trägst er trägt	**trug**	trüge	**getragen**
sich ein|tragen 名前を書く		**trug ein**		**eingetragen**

不定詞	注意が必要な現在形	過去基本形	接続法Ⅱ式	過去分詞
(sich) treffen 会う	du triffst er trifft	**traf**	träfe	**getroffen**
trinken 飲む		**trank**	tränke	**getrunken**
tun する	du tust er tut	**tat**	täte	**getan**
verbieten 禁止する		**verbot**	verböte	**verboten**
verbinden 結びつける		**verband**	verbände	**verbunden**
vergessen 忘れる	du vergisst er vergisst	**vergaß**	vergäße	**vergessen**
verlieren 失う		**verlor**	verlöre	**verloren**
wachsen 育つ	du wächst er wächst	**wuchs**	würchse	**gewachsen**
waschen 洗う	du wäschst er wäscht	**wusch**	wüsche	**gewaschen**
werden 〜になる	du wirst er wird	**wurde**	würde	**geworden** [s]
werfen 投げる	du wirfst er wirft	**warf**	würfe	**geworfen**
wissen 知っている	ich weiß du weißt er weiß	**wusste**	wüsste	**gewusst**
wollen 〜するつもりだ	ich will du willst er will	**wollte**	wollte	**wollen / gewollt**
ziehen 引く		**zog**	zöge	**gezogen**
sich an|ziehen 服を着る		**zog an**		**angezogen**
sich aus|ziehen 服を脱ぐ		**zog aus**		**ausgezogen**
ein|ziehen 入居する		**zog ein**		**eingezogen** [s]
(sich) um|ziehen 着替える、引っ越す		**zog um**		**umgezogen** [h/s]

ドイツ語ファンダメンタル

2021 年 2 月 20 日　第 1 版発行

著　者　　黒田　享（くろだ　すすむ）
執筆協力　Markus Rude（マルクス・ルーデ）

発行者　　前田俊秀
発行所　　株式会社 三修社
　　　　　〒 150-0001 東京都渋谷区神宮前 2-2-22
　　　　　TEL 03-3405-4511
　　　　　FAX 03-3405-4522
　　　　　振替 00190-9-72758
　　　　　https://www.sanshusha.co.jp/
　　　　　編集担当　永尾真理
DTP　　　有限会社 トライアングル
表紙デザイン　やぶはなあきお
イラスト　mutsumi
印刷所　　日経印刷株式会社